MICROSOFT FLIGHT SIMULATOR 2024 SPIELANLEITUNG

Schalten Sie verborgene Geheimnisse frei, perfektionieren Sie Ihre Flugfähigkeiten und dominieren Sie den Mehrspielermodus im ultimativen Flugerlebnis

LILA .U. DONOVAN

Haftungsausschluss:

Bei diesem Handbuch handelt es sich um eine inoffizielle Ressource, die Spielern bei der Navigation und Beherrschung von Microsoft Flight Simulator 2024 helfen soll. Obwohl alle Anstrengungen unternommen wurden, um genaue und aktuelle Informationen bereitzustellen, spiegelt der Inhalt dieses Handbuchs möglicherweise nicht alle Änderungen, Aktualisierungen oder zukünftigen Ergänzungen des Spiels wider. Die Entwickler von Microsoft Flight Simulator 2024, Asobo Studio und Microsoft, sind nicht für den Inhalt dieses Handbuchs verantwortlich. Alle Marken, Spieletitel und zugehörigen Inhalte sind Eigentum ihrer jeweiligen Inhaber.

INHALTSVERZEICHNIS

EINFÜHRUNG

Microsoft Flight Simulator 2024 ist ein bedeutender Fortschritt in der Welt der Flugsimulation und baut auf der soliden Grundlage seines Vorgängers, Microsoft Flight Simulator 2020, auf. Die Ausgabe 2024 verschiebt weiterhin die Grenzen des Realismus und bietet ein unvergleichliches Flugerlebnis, das fortschrittliche Grafik, realistische Flugphysik und eine weitläufige Welt zum Erkunden kombiniert. Dieses Spiel ist nicht nur für Luftfahrtbegeisterte gedacht, sondern auch für alle, die den Nervenkitzel des Fliegens in einer virtuellen Umgebung erleben möchten.

Die Ausgabe 2024 führt eine Reihe neuer Funktionen und Verbesserungen ein und macht sie zum immersivsten und fesselndsten Flugsimulator, der heute verfügbar ist. Egal, ob Sie ein erfahrener Pilot oder ein Neuling in der Flugsimulation sind, Microsoft Flight Simulator 2024 bietet für jeden etwas. Von verbesserten Steuerungen und Systemen bis hin zu einer realistischeren und interaktiveren Welt hilft Ihnen dieser Leitfaden dabei, das Beste aus Ihrem Flugerlebnis herauszuholen.

Überblick über das Spiel

Mit dem Microsoft Flight Simulator 2024 können Spieler das Fliegen in einer immersiven, realitätsgetreuen virtuellen Umgebung erleben. Das Spiel nutzt Satellitendaten, reale Wettersysteme und Flugdynamik, um die Erfahrung des Steuerns von Flugzeugen auf der ganzen Welt nachzubilden. Egal, ob Sie ein kleines Privatflugzeug oder einen riesigen Verkehrsjet fliegen, der Detaillierungsgrad und der Realismus im Spiel sind wirklich bemerkenswert.

Das Spiel verfügt über eine vollständig simulierte Welt, die auf Bing Maps und Azure AI basiert und sicherstellt, dass Landschaft, Wetter und atmosphärische Bedingungen so realitätsnah wie möglich sind. Spieler können aus einer Vielzahl von Flugzeugen wählen, von historischen Propellerflugzeugen über moderne Jetliner bis hin zu militärischen Kampfjets. Jedes Flugzeug verfügt über einzigartige Flugeigenschaften, die es den Spielern ermöglichen, verschiedene Flugzeugtypen zu beherrschen und mehr über deren spezifisches Handling und Leistung zu erfahren.

Eines der Hauptmerkmale des Microsoft Flight Simulator 2024 ist die nahtlose Integration mit Echtzeit-Wetter und Flugverkehr. Das Spiel aktualisiert das Wetter dynamisch basierend auf den aktuellen Bedingungen in der realen Welt, was jedem Flug ein Element der Unvorhersehbarkeit und Spannung verleiht. Darüber hinaus enthält das Spiel ein umfassendes Flugsicherungssystem, das eine realistische

Kommunikation und Koordination mit anderen Flugzeugen ermöglicht und jeden Flug zu einem interaktiveren und ansprechenderen Erlebnis macht.

Für diejenigen, die im Spiel vorankommen möchten, gibt es zahlreiche Herausforderungen und Missionen zu erfüllen, die von einfachen Besichtigungstouren bis hin zu komplexen Flugplänen über schwieriges Gelände reichen. Das Spiel beinhaltet auch einen Karrieremodus, in dem sich Spieler in der Luftfahrtindustrie hocharbeiten, Missionen erfüllen und dabei Erfahrung sammeln können.

Hauptunterschiede zwischen Microsoft Flight Simulator 2024 und 2020

Während Microsoft Flight Simulator 2020 für sich genommen bahnbrechend war, verfeinert und verbessert Microsoft Flight Simulator 2024 nahezu jeden Aspekt des Spiels. Zu den wichtigsten Unterschieden gehören:

1. **Grafiken und visuelle Verbesserungen**: Einer der auffälligsten Unterschiede zwischen den beiden Versionen ist die deutliche Verbesserung der Grafik. Microsoft Flight Simulator 2024 führt verbesserte Beleuchtung, realistischere Wolkenformationen und bessere atmosphärische Effekte ein. Das Gelände wurde detaillierter aufgewertet, wodurch die Landschaften realistischer und lebensechter werden. Das Wettersystem wurde ebenfalls verbessert, mit einer dynamischeren Wolkendecke, realistischeren Niederschlägen und verbesserten Windeffekten, die sich auf das Flugverhalten des Flugzeugs auswirken.

2. **Verbesserte Flugzeug- und Flugdynamik**: Während die Version 2020 eine große Auswahl an Flugzeugen bot, wurden in der Version 2024 neue Flugzeuge sowie eine detailliertere Flugphysik eingeführt. Die Flugzeugmodelle wurden mit

präziseren Details aktualisiert und die Flugeigenschaften sind genauer als je zuvor. Unabhängig davon, ob Sie ein Verkehrsflugzeug oder einen Militärjet steuern, werden Sie subtile Unterschiede in der Handhabung der einzelnen Flugzeuge bemerken, was zu einem intensiveren Erlebnis führt.

3. **Verbessertes Multiplayer- und Online-Spiel**: Das Multiplayer-Erlebnis wurde im Microsoft Flight Simulator 2024 erheblich verbessert. Im Jahr 2020 machte das Online-Spielen Spaß, war aber manchmal fehlerhaft, da Verbindungsprobleme und Verzögerungen das Gameplay beeinträchtigten. In der Version 2024 ist das Multiplayer-Erlebnis flüssiger, mit verbesserten Staffelfunktionen, kooperativen Missionen und interaktiveren Möglichkeiten zur Kommunikation mit anderen Spielern. Spieler können jetzt größeren Gruppen beitreten, Flüge teilen und bei Herausforderungen zusammenarbeiten, was zu einem reichhaltigeren und sozialeren Erlebnis führt.

4. **Erweiterte Anpassungsoptionen**: Eine der aufregendsten Änderungen im Microsoft Flight Simulator 2024 sind die erweiterten Anpassungsmöglichkeiten. Spieler können ihr Flugzeug jetzt noch umfassender personalisieren, von der Änderung der Lackierung und Innendetails bis hin zur Anpassung der Flugeigenschaften und der Triebwerksleistung. Dieses Maß an Individualisierung ermöglicht ein individuelleres Flugerlebnis, unabhängig davon, ob Sie Ihr Flugzeug lieber für optimale Leistung optimieren oder es einfach zu Ihrem eigenen machen möchten.

5. **Verfeinerte Flugmissionen und Herausforderungen**: Während Microsoft Flight Simulator 2020 eine Reihe von Herausforderungen bot, geht Microsoft Flight Simulator 2024 noch einen Schritt weiter und führt neue Arten von Missionen, detailliertere Flugrouten und komplexere Aufgaben ein. Spieler

können sich jetzt realitätsnahen Szenarien stellen, von Notlandungen bis hin zu komplexen Navigationsmissionen, die ein tieferes Verständnis der Flug- und Flugverkehrskontrolle erfordern.

6. **Bessere KI und Wettersysteme**: KI-gesteuerte Flugzeuge und Wettersysteme sind in der Version 2024 deutlich weiter fortgeschritten. Die KI des Spiels kann jetzt eine größere Vielfalt an Flugverhalten simulieren und Wetterbedingungen werden dynamischer in das Spiel integriert. Das bedeutet, dass sich jeder Flug anders anfühlt, da Sie auf unterschiedliche Flugverkehrs- und Wetterbedingungen stoßen, die sich auf neue Weise auf Ihren Flug auswirken.

Neue Funktionen und Verbesserungen im Jahr 2024

Microsoft Flight Simulator 2024 bietet eine Vielzahl neuer Funktionen und Verbesserungen, die sowohl das Spielerlebnis als auch den Realismus der Simulation verbessern sollen. Hier sind einige der wichtigsten neuen Funktionen:

1. **Neues Flugzeug**: Wie bereits erwähnt, führt Microsoft Flight Simulator 2024 eine Reihe neuer Flugzeuge ein, darunter sowohl zivile als auch militärische Flugzeuge. Diese neuen Flugzeuge sind detaillierter als je zuvor und verfügen über authentische Cockpits, Flugsysteme und Avionik. Die Militärjets beispielsweise verfügen über realistische Waffensysteme und eine Flugdynamik, die die Leistung in der realen Welt nachahmt.

2. **Interaktive Cockpits und Steuerungen**: Die Cockpits im Microsoft Flight Simulator 2024 sind interaktiver und ermöglichen es den Spielern, jeden Schalter, jedes Einstellrad und jeden Hebel detaillierter zu bedienen. Dies sorgt für eine noch tiefere Ebene des Eintauchens, sodass es sich anfühlt, als

würde man tatsächlich ein Flugzeug fliegen, anstatt es einfach über eine Videospieloberfläche zu steuern.

3. **Verbessertes Echtzeitwetter**: Das Echtzeit-Wettersystem des Spiels wurde verbessert und bietet genauere Wolkenformationen, Sturmsysteme und wetterbezogene Effekte. Das dynamische Wettersystem beeinflusst jetzt Sicht, Turbulenzen und Flugleistung, wodurch es für Spieler noch wichtiger wird, auf alles vorbereitet zu sein, was die Natur ihnen in den Weg stellt.

4. **Karrieremodus und Fortschritt**: Microsoft Flight Simulator 2024 führt einen strukturierteren Karrieremodus ein, der es Spielern ermöglicht, von kleinen Privatflügen zu großen kommerziellen Flugbetrieben aufzusteigen. Das Abschließen von Missionen und Herausforderungen belohnt Sie mit Erfahrungspunkten, schaltet neue Flugzeuge frei und hilft Ihnen, in der Luftfahrtindustrie aufzusteigen.

5. **Verbesserter KI-Verkehr und ATC**: Das KI-Flugsicherungssystem (ATC) wurde verbessert, wodurch es realistischer und reaktionsschneller wird. KI-gesteuerte Flugzeuge folgen realistischeren Flugmustern und Fluglotsen können den Flugstrom besser steuern, wodurch sich der Himmel bevölkerter und realistischer anfühlt.

6. **Erweiterte virtuelle Welt**: Die virtuelle Welt im Microsoft Flight Simulator 2024 ist umfangreicher und detaillierter, mit neuen Sehenswürdigkeiten, Flughäfen und Städten, die es zu erkunden gilt. Ob Sie über urbane Landschaften oder abgelegene Wildnis fliegen, die Welt ist lebensechter und lebendiger als je zuvor.

7. **Flugschule und Tutorials**: Für Neulinge bietet Microsoft Flight Simulator 2024 eine umfassende Flugschule mit Tutorials,

die alles von der grundlegenden Flugsteuerung bis hin zu fortgeschrittenen Manövern abdecken. Diese Tutorials eignen sich perfekt für Anfänger. Sie helfen Ihnen dabei, sich schnell zurechtzufinden und lernen gleichzeitig die Grundlagen der Luftfahrt.

8. **Dynamische Flugmissionen**: Zusätzlich zu den Standardherausforderungen führt Microsoft Flight Simulator 2024 dynamische Flugmissionen ein, bei denen sich die Ziele je nach realen Bedingungen ändern. Das bedeutet, dass keine zwei Missionen genau gleich sind und Sie anpassungsfähig sein müssen, um erfolgreich zu sein.

Ein Leitfaden für Anfänger zur Flugsimulation

Für Neulinge in der Flugsimulation mag der Microsoft Flight Simulator 2024 zunächst überwältigend erscheinen, aber mit der richtigen Herangehensweise werden Sie in kürzester Zeit wie ein Profi fliegen. Hier ist ein Leitfaden für Anfänger, der Ihnen den Einstieg erleichtert:

1. **Verstehen Sie die Grundlagen des Fliegens**: Bevor Sie in das Spiel eintauchen, nehmen Sie sich etwas Zeit, um sich mit den Grundlagen des Fliegens vertraut zu machen. Machen Sie sich mit den wichtigsten Bedienelementen wie Gas, Querruder, Seitenruder und Höhenruder vertraut. Für einen erfolgreichen Flug ist es wichtig zu verstehen, wie sich diese Steuerelemente auf die Bewegungen Ihres Flugzeugs auswirken.

2. **Beginnen Sie mit dem Tutorial**: Das Spiel bietet eine umfassende Reihe von Tutorials für Anfänger. Diese Tutorials führen Sie durch die Grundlagen des Fliegens, vom Starten und Landen bis hin zu fortgeschreneren Techniken wie der Durchführung einer Fassrolle oder der Navigation mit

Instrumenten.

3. **Wählen Sie das richtige Flugzeug**: Beginnen Sie mit einem einfachen Flugzeug, beispielsweise einer kleinen Cessna oder Piper Cub. Diese Flugzeuge sind einfacher zu steuern und helfen Ihnen, sich mit den grundlegenden Flugabläufen vertraut zu machen. Sobald Sie sich wohl fühlen, können Sie zu komplexeren Flugzeugen wie Verkehrsflugzeugen oder Militärjets übergehen.

4. **Verwenden Sie den unterstützten Flugmodus**: Microsoft Flight Simulator 2024 verfügt über einen unterstützten Flugmodus, der die Steuerung vereinfacht und Ihnen hilft, sich auf die Grundlagen des Fliegens zu konzentrieren. Wenn Sie an Selbstvertrauen gewinnen, können Sie nach und nach einen Teil der Unterstützung abschalten und die volle Kontrolle über das Flugzeug übernehmen.

5. **Lernen Sie das ATC-System**: Die Flugsicherung (ATC) spielt eine wichtige Rolle im Spiel. Es ist wichtig zu verstehen, wie man mit ATC kommuniziert, insbesondere wenn Sie in überfüllteren Lufträumen fliegen. Beachten Sie die Anweisungen von ATC, denn diese werden Sie sicher durch Ihren Flug führen.

6. **Üben, üben, üben**: Bei der Flugsimulation geht es vor allem um Übung. Je mehr Sie fliegen, desto vertrauter werden Sie mit der Steuerung, dem Flugzeug und den Navigationssystemen. Beginnen Sie mit kurzen, einfachen Flügen, bevor Sie komplexere Missionen in Angriff nehmen.

7. **Treten Sie der Community bei**: Microsoft Flight Simulator 2024 verfügt über eine aktive und unterstützende Community von Flugbegeisterten. Durch den Beitritt zu Foren,

Online-Gruppen und Multiplayer-Sitzungen können Sie von anderen lernen und Ihre Fähigkeiten verbessern.

Wenn Sie diese Schritte befolgen, sind Sie auf dem besten Weg, den Microsoft Flight Simulator 2024 zu meistern und die vielen Stunden fesselnden Fliegens zu genießen, die er bietet. Ganz gleich, ob Sie alleine durch die Lüfte fliegen oder im Mehrspielermodus mit anderen Piloten zusammenarbeiten, die Möglichkeiten sind endlos.

KAPITEL 1

ERSTE SCHRITTE MIT MICROSOFT FLIGHT SIMULATOR 2024

Microsoft Flight Simulator 2024 ist eines der fortschrittlichsten und fesselndsten Flugsimulationsspiele, die derzeit erhältlich sind. Egal, ob Sie ein erfahrener Pilot oder ein Neuling in der Welt der Luftfahrt sind, dieses Spiel ist darauf ausgelegt, ein wirklich realistisches Flugerlebnis zu bieten. Bevor Sie jedoch in die Lüfte aufbrechen können, ist es wichtig, mit der richtigen Einrichtung zu beginnen, die Systemanforderungen zu verstehen und die Steuerung zu konfigurieren. Dieser Abschnitt führt Sie durch alle Schritte, um sicherzustellen, dass Sie ein reibungsloses und angenehmes Flugsimulationserlebnis haben.

Installations- und Systemanforderungen

Bevor Sie in das virtuelle Cockpit springen, müssen Sie Microsoft Flight Simulator 2024 installieren und sicherstellen, dass Ihr System die notwendigen Anforderungen erfüllt, um das Spiel mit optimaler Leistung auszuführen. Das Spiel zeichnet sich durch modernste Grafik und komplexe Mechaniken aus, was bedeutet, dass Ihre Hardware dieser Aufgabe gewachsen sein muss.

Mindestsystemanforderungen

Zum Spielen *Microsoft Flight Simulator 2024*, Ihr System muss die folgenden Mindestanforderungen erfüllen:

- **Betriebssystem**: Windows 10 (64-Bit) oder höher
- **Prozessor**: Intel i5-8400 oder AMD Ryzen 5 1500X
- **Grafik**: NVIDIA GTX 770 oder AMD Radeon RX 570 (4 GB VRAM)
- **Erinnerung**: 8 GB RAM
- **Lagerung**: 150 GB verfügbarer Speicherplatz (SSD empfohlen für schnellere Ladezeiten)
- **Internet**: Breitband-Internetverbindung für Online-Funktionen

Empfohlene Systemanforderungen

Für ein optimales Spielerlebnis, insbesondere wenn Sie das Spiel mit höheren Grafikeinstellungen ausführen möchten, sollten Sie die folgenden empfohlenen Spezifikationen erfüllen:

- **Betriebssystem**: Windows 10 (64-Bit) oder höher
- **Prozessor**: Intel i7-9800X oder AMD Ryzen 7 Pro 2700X
- **Grafik**: NVIDIA RTX 2070 oder AMD Radeon RX 6700 XT (8 GB VRAM)
- **Erinnerung**: 16 GB RAM

- **Lagerung**: 150 GB verfügbarer Speicherplatz (SSD für schnellere Ladezeiten)
- **Internet**: Breitband-Internetverbindung (höhere Geschwindigkeiten werden für einen reibungslosen Mehrspielermodus empfohlen)

Installationsprozess

Sobald Ihr System die Anforderungen erfüllt, können Sie das Spiel installieren. Hierzu gibt es im Wesentlichen zwei Möglichkeiten:

1. **Microsoft Store**: Wenn Sie das Spiel im Microsoft Store gekauft haben, gehen Sie einfach zum Store und suchen Sie es *Microsoft Flight Simulator 2024* und klicken Sie auf „Installieren". Das Spiel wird automatisch heruntergeladen und installiert.
2. **Dampf**: Wenn Sie das Spiel auf Steam gekauft haben, können Sie zu Ihrer Steam-Bibliothek gehen, das Spiel suchen und auf „Installieren" klicken, um mit dem Herunterladen und Installieren zu beginnen.

Bei beiden Methoden werden Sie aufgefordert, sich bei Ihrem Microsoft- oder Steam-Konto anzumelden. Die Installationsgröße ist beträchtlich. Seien Sie also auf einen längeren Download vorbereitet, wenn Sie eine langsamere Internetverbindung haben.

Einrichten Ihrer Steuerelemente

Der nächste Schritt besteht darin, Ihre Steuerelemente einzurichten. Unabhängig davon, ob Sie eine Tastatur und eine Maus, einen Flug-Joystick oder ein spezielles Flugjoch verwenden, ist es wichtig, diese für das beste Flugerlebnis zu konfigurieren.

Tastatur- und Maus-Setup

Wenn Sie eine Tastatur und eine Maus verwenden möchten, *Microsoft Flight Simulator 2024* verfügt über grundlegende Steuerungsschemata, die Sie anpassen können. Die Standardtastatureinstellungen sollen Ihnen dabei helfen, das Flugzeug mit minimalem Aufwand zu steuern. Die Maus wird hauptsächlich zur Interaktion mit den Cockpit-Instrumenten und bei Bedarf zur präzisen Steuerung verwendet. Die Verwendung von Tastatur und Maus bietet jedoch nicht den gleichen Grad an Immersion wie eine dedizierte Flugsteuerungskonfiguration.

Joystick- und Gashebel-Setup

Für ein noch intensiveres Erlebnis wird dringend empfohlen, einen Joystick und einen Gasquadranten zu verwenden. Diese Steuergeräte wurden speziell für Flugsimulatoren entwickelt und bieten ein weitaus authentischeres und reaktionsschnelleres Erlebnis. So können Sie Ihren Joystick und Gashebel einrichten:

- **Joystick-Setup**: Verbinden Sie Ihren Joystick mit dem Computer und öffnen Sie das *Microsoft Flight Simulator 2024* Steuerungseinstellungen. Wählen Sie den Joystick aus der Geräteliste aus und weisen Sie jeder Taste bestimmte Aktionen zu. Beispielsweise kann die Gassteuerung dem Gashebel zugeordnet werden, während der Joystick selbst die Quer- und Höhenruder steuern kann.
- **Einrichtung des Drosselquadranten**: Der Gasquadrant sollte je nach Flugzeug, das Sie fliegen, der Gas-, Propellersteigungs- und Gemischregelung zugewiesen werden. Abhängig von Ihrer Konfiguration kann ein Gasquadrant auch zur Steuerung des Ruders und der Klappen verwendet werden.

Joch- und Pedal-Setup

Für diejenigen, die ein möglichst realistisches Flugerlebnis suchen, sind ein Flugjoch und Pedale die richtige Wahl. Ein Steuerknüppel ahmt den Steuerknüppel eines Flugzeugs nach und mit den Pedalen können Sie das Seitenruder und die Bremsen steuern. Dieses Setup bietet ein authentischeres Erlebnis und wird von vielen ernsthaften Flugsimulationsbegeisterten bevorzugt.

Sobald die Verbindung hergestellt ist, öffnen Sie das Spiel und gehen Sie zu den Steuerungseinstellungen, um jede Achse und Schaltfläche entsprechend zuzuordnen. Das Anpassen Ihrer Einstellungen kann einige Zeit in Anspruch nehmen, aber für ein reibungsloseres Flugerlebnis lohnt sich die Mühe.

Erstflug-Tutorial – Eine Schritt-für-Schritt-Anleitung

Für Neueinsteiger *Microsoft Flight Simulator 2024*, der erste Flug kann etwas überwältigend sein. Die schiere Menge an Bedienelementen und die Komplexität des Cockpits können es schwierig machen, zu wissen, wo man anfangen soll. Glücklicherweise enthält das Spiel ein interaktives Erstflug-Tutorial, das Sie durch die Grundlagen führt.

Schritt 1: Wählen Sie Ihr Flugzeug und Ihren Standort

Für Ihren ersten Flug wählen Sie am besten ein kleines und handliches Flugzeug wie eine Cessna 172 oder eine Piper Cub. Diese Flugzeuge sind langsamer und nachsichtiger, wodurch sie einfacher zu steuern sind, wenn Sie sich an die Steuerung gewöhnen. Sie sollten auch einen einfachen und vertrauten Standort wählen, etwa eine Landebahn oder einen kleinen Regionalflughafen, um die Komplexität verkehrsreicher Lufträume und großer Flughäfen zu vermeiden.

Schritt 2: Lernen Sie die grundlegenden Steuerelemente

Zu Beginn des Tutorials werden Sie in die Hauptsteuerung des Flugzeugs eingeführt:

- **Gaspedal**: Steuert die Motorleistung und Geschwindigkeit des Flugzeugs.
- **Aufzug**: Steuert die Auf- und Abbewegung des Flugzeugs (Nick).
- **Querruder**: Steuert die linke und rechte Rollbewegung des Flugzeugs.
- **Ruderpedale**: Steuert das Gieren (nach links oder rechts) des Flugzeugs, nützlich zum Drehen und Ausbalancieren.
- **Klappen**: Diese steuern den Auftrieb und die Geschwindigkeit des Flugzeugs und helfen Ihnen beim Starten und Landen.

Das Tutorial führt Sie Schritt für Schritt durch den Prozess des Startens des Motors, des Rollens zur Landebahn und des Abhebens. Anschließend werden Sie in grundlegende Flugmanöver wie Steigen, Sinken und Drehen eingeführt. Das Tutorial bietet unterwegs Tipps, um sicherzustellen, dass Sie mit jedem Schritt vertraut sind.

Schritt 3: Üben Sie Start und Landung

Im nächsten Teil des Tutorials geht es um Start und Landung. Das Spiel führt Sie durch den Vorgang des Aufstellens auf der Landebahn, des Gasgebens und des Abhebens. Sobald Sie in der Luft sind, üben Sie, das Flugzeug gerade zu halten und sanfte Kurven zu fahren.

Die Landung ist oft der schwierigste Teil des Fliegens, aber das Tutorial zeigt Ihnen den richtigen Ansatz und gibt hilfreiches Feedback. Sie lernen, mit der richtigen Geschwindigkeit zu sinken, die Landeklappen für einen sanfteren Sinkflug auszufahren und sanft auf der Landebahn aufzusetzen.

Schritt 4: Verwenden Sie den Autopiloten

Sobald Sie mit der manuellen Steuerung vertraut sind, führt Sie das Tutorial in das Autopilotsystem ein. Der Autopilot drin *Microsoft Flight Simulator 2024* kann dabei helfen, Höhe, Kurs und Geschwindigkeit beizubehalten. Das Erlernen des Ein- und Ausschaltens des Autopiloten ist bei längeren Flügen von entscheidender Bedeutung, da dies dazu beitragen kann, die Belastung bei der manuellen Steuerung zu verringern.

Schritt 5: Erweiterte Manöver und Navigation

Sobald Sie die Grundlagen beherrschen, führt das Tutorial in fortgeschrittenere Manöver ein, beispielsweise in die Navigation mithilfe von Wegpunkten und Instrumenten. Hier beginnt die eigentliche Herausforderung, denn Sie müssen sich auf die Navigationssysteme und Instrumente des Flugzeugs verlassen können, um auf Kurs zu bleiben.

Das Tutorial führt Sie durch die Erstellung eines Flugplans, die Abstimmung auf VOR-Stationen (Very High Frequency Omnidirektional Range) für die Navigation und die Verwendung des Autopiloten zur Verfolgung der Route. Dies sind wesentliche Fähigkeiten für anspruchsvollere Flüge und Langstreckenreisen.

Das HUD (Head-Up Display) und die Fluginstrumente verstehen

Einer der wichtigsten Aspekte des Fliegens ist das Verständnis der Cockpitinstrumente und des HUD. Diese Tools liefern wichtige Informationen, die Piloten helfen, die Kontrolle über das Flugzeug zu behalten und sicher zu navigieren. In *Microsoft Flight Simulator 2024*Das HUD und die Fluginstrumente sind so konzipiert, dass sie ihre realen Gegenstücke mit unglaublicher Genauigkeit nachbilden.

Grundlegende Fluginstrumente

- **Fluggeschwindigkeitsanzeige**: Dieses Instrument zeigt die Geschwindigkeit des Flugzeugs relativ zur Luft an. Es ist entscheidend, um die Kontrolle beim Start, Flug und bei der Landung zu behalten.
- **Einstellungsindikator**: Zeigt die Nick- und Rollbewegungen des Flugzeugs im Verhältnis zum Horizont an und hilft Piloten, das Flugzeug gerade zu halten.
- **Höhenanzeige**: Zeigt die Höhe des Flugzeugs an und hilft Piloten, eine sichere Flughöhe beizubehalten.
- **Vertikalgeschwindigkeitsanzeige (VSI)**: Dies misst die Geschwindigkeit, mit der das Flugzeug steigt oder sinkt, um eine sichere Steig- oder Sinkgeschwindigkeit sicherzustellen.

Navigationsinstrumente

- **Kursanzeige**: Zeigt den aktuellen Kurs oder die aktuelle Richtung des Flugzeugs an und hilft Piloten bei der Navigation auf ihrem Flugweg.
- **Magnetischer Kompass**: Dies zeigt den Kurs des Flugzeugs in Grad relativ zum magnetischen Nordpol.
- **Kursabweichungsindikator (CDI)**: Dies dient der Navigation entlang bestimmter Routen und zeigt an, ob das Flugzeug vom Kurs abweicht.

Autopilotsysteme

- **Autopilot-Modus**: Das Autopilotsystem in *Microsoft Flight Simulator 2024* kann verwendet werden, um Höhe, Geschwindigkeit und Kurs beizubehalten. Es ist für lange Flüge unerlässlich und kann manuell angepasst oder so eingestellt werden, dass es einem Flugplan folgt.
- **Flugdirektor**: Hier werden die erforderlichen Anpassungen des Autopiloten angezeigt, um die gewünschte Flugbahn

beizubehalten, einschließlich Änderungen der Höhe und Richtung.

Kommunikation und ATC

Einer der fesselndsten Aspekte des Spiels ist das Flugsicherungssystem (ATC), das es Ihnen ermöglicht, während Ihres Fluges mit Fluglotsen zu kommunizieren. Die ATC-Schnittstelle zeigt die Befehle und Anweisungen an, die Sie erhalten. Das Befolgen dieser Anweisungen ist für eine sichere Navigation, insbesondere in stark befahrenen Lufträumen, von entscheidender Bedeutung.

Im Microsoft Flight Simulator 2024 ist das Verständnis und die effektive Nutzung des HUD und der Fluginstrumente der Schlüssel zum Beherrschen des Spiels. Mit zunehmender Übung wird es Ihnen leichter fallen, diese Instrumente zu lesen und sie zu nutzen, um Ihre Flüge so reibungslos und realistisch wie möglich zu gestalten.

Wenn Sie diese grundlegenden Elemente verstehen, bereiten Sie sich auf eine erfolgreiche Reise im Microsoft Flight Simulator 2024 vor. Dieser Leitfaden deckt alles von der grundlegenden Einrichtung bis hin zu fortgeschrittenen Techniken ab und stellt sicher, dass Sie jeden Aspekt des Spiels mit Zuversicht angehen können. Ganz gleich, ob Sie zum ersten Mal abheben oder sich auf einen langen Überlandflug begeben, diese Tipps helfen Ihnen dabei, mühelos durch die Lüfte zu navigieren.

KAPITEL 2

FLUGZEUGÜBERSICHT UND ENTWICKLUNG

Die Microsoft Flight Simulator-Serie ist seit langem für ihr Engagement für Realismus bekannt und bietet virtuellen Piloten ein umfassendes, lebensechtes Erlebnis, das über das bloße Fliegen von Punkt A nach Punkt B hinausgeht. Jede neue Iteration des Spiels bringt die Luftfahrtsimulation auf die nächste Stufe, und Microsoft Flight Simulator 2024 setzt diese Tradition fort, indem es einen tieferen, differenzierteren Einblick in Flugzeuge und ihre Entwicklung bietet.

Von Anfang an umfasste die Microsoft Flight Simulator-Serie eine vielfältige Auswahl an Flugzeugen. Die Version 2020 setzte neue Maßstäbe, indem sie atemberaubende Grafiken, präzise Flugphysik und eine Reihe von Flugzeugen einführte, die alles von kleinen

Privatflugzeugen bis hin zu großen Verkehrsflugzeugen abdeckten. Microsoft Flight Simulator 2024 baut nicht nur darauf auf, sondern enthält auch eine Vielzahl neuer Flugzeuge, aktualisierte Modelle und detailliertere Anpassungsmöglichkeiten.

Die Entwicklung des Flugzeugs in diesem Spiel spiegelt die kontinuierlichen Verbesserungen sowohl in der Technologie als auch im Gameplay wider. Im Jahr 2024 werden die Spieler subtile, aber bedeutende Änderungen bemerken, insbesondere in Bezug auf die Flugzeugphysik, den Detaillierungsgrad der Cockpit-Designs und die Auswahl an verfügbaren Flugzeugen. Mit einem wachsenden Interesse an der militärischen Luftfahrt und sogar an Experimentalflugzeugen bringt 2024 mehr Abwechslung, Authentizität und Eintauchen in das Erlebnis. Das Spiel bietet jetzt interaktivere Funktionen wie anpassbare Avionik und realistischere Flugdynamiken, die sich auf die Leistung verschiedener Flugzeuge unter verschiedenen Bedingungen auswirken.

Diese Weiterentwicklung ist von entscheidender Bedeutung, da sie nicht nur das Erlebnis für erfahrene Flugsimulations-Enthusiasten verbessert, sondern sie auch für Neueinsteiger zugänglicher macht. Durch das Verständnis der Entwicklung und Mechanik jedes Flugzeugs können Spieler die Tiefe des Microsoft Flight Simulator 2024 besser einschätzen.

Flugzeugauswahl – Neuzugänge und Unterschiede ab 2020

Eines der herausragenden Features von Microsoft Flight Simulator 2024 ist die erweiterte Flugzeugauswahl. Im Jahr 2020 wurde den Spielern eine große Auswahl an Flugzeugen vorgestellt, von kleinen Propellerflugzeugen bis hin zu komplexen Verkehrsflugzeugen und Militärjets. Die Version 2024 geht noch einen Schritt weiter und bietet neue Ergänzungen, die ein breiteres und vielfältigeres Spektrum an Flugzeugoptionen bieten.

Neue Ergänzungen im Microsoft Flight Simulator 2024

- **Militärjets**: Eine der aufregendsten Neuerungen im Jahr 2024 ist die Einführung von Militärjets. Diese schnellen, agilen Flugzeuge fügen der Simulation eine völlig neue Ebene hinzu und bieten Spielern die Möglichkeit, Hochgeschwindigkeitskämpfe und Manöver zu erleben. Durch die Einbindung von Militärjets wie der F-35 Lightning II und der F-22 Raptor können Spieler den Nervenkitzel des Luftkampfs erleben, der in der Ausgabe 2020 nur minimal vertreten war. Diese Flugzeuge verfügen über fortschrittliche Avionik, Raketensysteme und eine leistungsstarke Flugdynamik und stellen im Vergleich zu zivilen Flugzeugen eine völlig andere Herausforderung dar.

- **Experimentelle und Vintage-Flugzeuge**: Neben Militärjets hat Microsoft Flight Simulator 2024 auch mehrere Experimental- und Vintage-Flugzeuge hinzugefügt. Mit diesen Flugzeugen haben Spieler die Möglichkeit, historische Modelle zu fliegen und modernste Technologien zu testen. Flugzeuge wie die Concorde, das erste Überschall-Passagierflugzeug der Welt, und die Lockheed SR-71 Blackbird, ein Hochgeschwindigkeitsaufklärungsflugzeug, sind jetzt Teil der Sammlung des Spiels. Diese Flugzeuge verfügen über komplexe Steuerungssysteme und ein einzigartiges Flugerlebnis, perfekt für Spieler, die die Geschichte der Luftfahrt hautnah erleben möchten.

- **Fortschrittliche Verkehrsflugzeuge**: Während die Version 2020 bereits Verkehrsflugzeuge wie den Airbus A320 und die Boeing 747 umfasste, wurden 2024 fortschrittlichere Modelle wie der Boeing 787 Dreamliner und der Airbus A350 eingeführt. Diese Flugzeuge verfügen über aktualisierte Cockpits mit interaktiveren Steuerungen und realistischeren Flugsystemen. Die aktualisierte Flugphysik sorgt für ein authentischeres

Flugverhalten dieser Flugzeuge und erfordert, dass die Spieler die Komplexität des kommerziellen Langstreckenflugs verstehen, einschließlich der Verwaltung von Treibstoffeffizienz, Autopilotsystemen und Passagierkomfort.

- **Elektrische Flugzeuge**: Während sich die Luftfahrtindustrie hin zu nachhaltigeren Praktiken bewegt, führt Microsoft Flight Simulator 2024 Elektroflugzeuge ein, wie zum Beispiel die Alice, ein rein elektrisches Regionalflugzeug. Diese Ergänzungen stellen die Zukunft der Luftfahrt dar und bieten leisere, sauberere Flugoptionen, die dem Spiel eine moderne Note verleihen. Das Fliegen eines Elektroflugzeugs erfordert neue Strategien, da die Spieler die Batterielebensdauer verwalten und die Leistung unter verschiedenen Bedingungen überwachen müssen, was eine neue Herausforderung für Spieler darstellt, die an modernster Technologie interessiert sind.

Hauptunterschiede zu 2020

- **Erhöhter Realismus und Komplexität**: Während Microsoft Flight Simulator 2020 bereits bemerkenswerten Realismus bot, geht 2024 mit detaillierteren Flugzeugsystemen noch einen Schritt weiter. Jedes Flugzeug wurde mit genaueren Cockpit-Designs und verbesserter Avionik aktualisiert. Die Flugmodelle sind feiner abgestimmt, wobei jedes Flugzeug einzigartige Flugeigenschaften aufweist, die seinem realen Vorbild entsprechen.

- **Vielfältigere Flugzeuge**: Im Jahr 2020 konzentrierte sich die Flugzeugauswahl stark auf beliebte Verkehrsflugzeuge und Flugzeuge der allgemeinen Luftfahrt. Microsoft Flight Simulator 2024 erweitert jedoch seinen Fokus um Militärflugzeuge, Oldtimermodelle und Zukunftskonzepte wie Elektroflugzeuge. Durch diese erweiterte Liste fühlt sich das Spiel vollständiger an, richtet sich an ein breiteres Spektrum an Flugbegeisterten und bietet für jeden etwas.

Flugzeugkategorien: Von Privatflugzeugen bis hin zu Militärjets

Das Verständnis der verschiedenen Flugzeugkategorien im Microsoft Flight Simulator 2024 ist der Schlüssel, um die Vielfalt der Erlebnisse, die das Spiel bietet, voll und ganz zu schätzen. Zu diesen Kategorien gehören Zivilflugzeuge, Verkehrsflugzeuge, Militärjets und Experimentalflugzeuge, von denen jede ihre eigenen Herausforderungen und Belohnungen bietet.

Privatflugzeuge

Privatflugzeuge sind am einfachsten zu fliegen und daher ideal für Anfänger oder diejenigen, die ein entspannteres Flugerlebnis bevorzugen. Flugzeuge wie die Cessna 172 oder die Piper Cub bieten einfache Steuerung und reaktionsschnelle Flugdynamik und eignen sich daher ideal für Rundflüge und Kurztrips. Diese Flugzeuge sind oft die erste Wahl für die Ausbildung neuer Piloten, da sie bei unterschiedlichen Wetterbedingungen fehlerverzeihend und einfach zu handhaben sind.

Verkehrsflugzeuge

Verkehrsflugzeuge wie der Airbus A320 oder die Boeing 747 stellen den Höhepunkt der modernen Luftfahrt dar. Das Fliegen dieser Flugzeuge erfordert Kenntnisse über fortschrittliche Flugsysteme, Autopilotfunktionen und Navigationsverfahren. Für Langstreckenflüge werden in der Regel Verkehrsflugzeuge eingesetzt, deren Beherrschung einige Zeit in Anspruch nehmen kann. Diese Flugzeuge bieten ein komplexeres Erlebnis, da die Spieler ihre Routen planen, den Treibstoff verwalten und einen reibungslosen Flug vom Start bis zur Landung gewährleisten müssen.

Militärjets

Militärjets bieten ein völlig anderes Erlebnis als Microsoft Flight Simulator 2024. Im Gegensatz zu zivilen Flugzeugen, bei denen Stabilität und Komfort im Vordergrund stehen, legen Militärjets wie die F-35 Lightning II und die F-22 Raptor Wert auf Geschwindigkeit, Agilität und Kampfbereitschaft. Diese Flugzeuge erfordern schnelle Reflexe und eine präzise Steuerung, da die Spieler häufig Hochgeschwindigkeitsmanöver und Luft-Luft-Kämpfe durchführen müssen. Das Fliegen eines Militärjets ist rasant, herausfordernd und aufregend und bietet ein aktionsorientierteres Erlebnis als herkömmliche Flugsimulationen.

Experimentelle Flugzeuge

Experimentelle und futuristische Flugzeuge wie die Concorde oder die elektrische Alice bieten eine einzigartige Gelegenheit, die Geschichte der Luftfahrt oder die Zukunft des Fliegens zu erkunden. Diese Flugzeuge sind mit fortschrittlichen Systemen ausgestattet, die es den Spielern erfordern, neue Flugtechniken zu erlernen. Die Concorde beispielsweise erfordert ein präzises Handling bei Überschallgeschwindigkeit, während die Elektromotoren der Alice eine sorgfältige Überwachung des Batteriestands erfordern. Das Fliegen dieser Flugzeuge verleiht dem Spiel Abwechslung und Spannung und ist für Spieler interessant, die sich für technologische Fortschritte interessieren.

Detaillierte Aufschlüsselung der Flugzeugmerkmale

Jedes Flugzeug im Microsoft Flight Simulator 2024 wurde mit unglaublicher Liebe zum Detail entworfen und bietet einzigartige Funktionen, die es voneinander unterscheiden. Das Spiel bietet einen detaillierten Einblick in die Systeme, Steuerungen und Leistungsmerkmale jedes Flugzeugs und ermöglicht es den Spielern, tief in die Besonderheiten jedes Modells einzutauchen.

Cockpitdesign und Avionik

Das Cockpit jedes Flugzeugs ist seinem realen Vorbild nachempfunden, wobei alle Instrumente und Bedienelemente voll funktionsfähig sind. Mit der Avionik-Suite – bestehend aus Navigations-, Kommunikations- und Flugsteuerungssystemen – kann vollständig interagiert werden, sodass Spieler an komplexen Flugabläufen teilnehmen können. Beispielsweise bietet das Fly-by-Wire-System des Airbus A320 ein anderes Erlebnis als die traditionelleren Flugsteuerungssysteme, die in älteren Flugzeugen wie der Piper Cub zu finden sind.

Motor- und Antriebssysteme

Die Triebwerksleistung jedes Flugzeugs wird simuliert, um die reale Physik der Luftfahrt widerzuspiegeln. Im Microsoft Flight Simulator 2024 können Spieler verschiedene Arten von Antriebssystemen erleben, von Kolbenmotoren in Flugzeugen der allgemeinen Luftfahrt bis hin zu Strahltriebwerken in Verkehrsflugzeugen und Militärjets. Jedes Triebwerk verhält sich unter verschiedenen Bedingungen unterschiedlich und Piloten müssen die Einstellungen für Gas, Treibstofffluss und Leistung steuern, um einen effizienten und sicheren Flug zu gewährleisten.

Flugeigenschaften und Handhabung

Jedes Flugzeug im Microsoft Flight Simulator 2024 verfügt über seine eigenen einzigartigen Flugeigenschaften. Privatflugzeuge wie die Cessna 172 sind leicht und reaktionsschnell, was sie einfach zu fliegen macht, aber bei turbulenten Bedingungen eine Herausforderung darstellt. Andererseits erfordern größere Verkehrsflugzeuge insbesondere bei Start und Landung eine differenziertere Steuerung, da sie schwerer und weniger manövrierfähig sind. Militärjets bieten mit ihren Hochgeschwindigkeitsfähigkeiten und feinfühligen Steuerungen das reaktionsschnellste und intensivste Flugerlebnis.

Flugsysteme und Automatisierung

Flugzeuge im Microsoft Flight Simulator 2024 sind mit einer Vielzahl fortschrittlicher Flugsysteme ausgestattet, darunter Autopilot, Flugmanagementsysteme (FMS) und fortschrittliche Navigationstools wie GPS und VOR. Spieler können wählen, ob sie manuell fliegen oder sich auf die Automatisierung verlassen möchten, um Aspekte wie Höhe, Kurs und Geschwindigkeit zu steuern. Insbesondere bei Langstreckenflügen oder komplexen Strecken im stark befahrenen Luftraum ist die Beherrschung der Nutzung dieser Systeme von entscheidender Bedeutung.

Anpassungen und Upgrades von Flugzeugen im Jahr 2024

Das Anpassen Ihres Flugzeugs im Microsoft Flight Simulator 2024 ist einer der aufregendsten Aspekte des Spiels. Egal, ob Sie das Aussehen Ihres Flugzeugs ändern oder seine Leistung optimieren möchten, das Spiel bietet zahlreiche Anpassungsmöglichkeiten.

Individuelle Lackierungen und Lackierungen

Eine der beliebtesten Formen der Individualisierung im Microsoft Flight Simulator 2024 ist die Änderung der Lackierung des Flugzeugs. Spieler können aus einer Vielzahl vorgefertigter Lackierungen wählen oder ihre eigenen entwerfen und so ihrem Flugzeug eine persönliche Note verleihen. Mit benutzerdefinierten Lackierungen können Sie Fluggesellschaften und Militärstaffeln repräsentieren oder sogar Ihr eigenes Farbschema entwerfen. Der Lackierungseditor des Spiels macht diesen Vorgang einfach und intuitiv.

Leistungsoptimierungen und Upgrades

Zusätzlich zu den visuellen Anpassungen ermöglicht Microsoft Flight Simulator 2024 den Spielern, die Leistung ihrer Flugzeuge zu optimieren.

Dazu gehört die Anpassung der Motorleistung, der Steuerflächen und der Avionik. Spieler können Flugzeugsysteme auch an unterschiedliche Flugbedingungen anpassen, sei es durch eine höhere Treibstoffeffizienz für Langstreckenflüge oder durch mehr Leistung für Hochgeschwindigkeitsmanöver in Militärjets.

Add-ons und Mods

Für Spieler, die ihr Flugerlebnis noch weiter ausbauen möchten, unterstützt Microsoft Flight Simulator 2024 eine breite Palette an Add-ons und Mods. Diese können von neuen Flugzeugmodellen bis hin zu maßgeschneiderten Flugrouten, verbesserten Wettersystemen und mehr reichen. Viele Mods werden von der Microsoft Flight Simulator-Community erstellt und stehen kostenlos zum Download zur Verfügung, wodurch noch mehr Anpassungsoptionen hinzugefügt werden.

Microsoft Flight Simulator 2024 entwickelt das Flugzeugerlebnis weiter und bietet neue Flugzeuge, umfassendere Anpassungsmöglichkeiten und verbesserten Realismus. Ob Sie ein historisches Propellerflugzeug, ein modernes Verkehrsflugzeug oder ein hochmodernes Militärflugzeug fliegen, jedes Flugzeug bietet ein einzigartiges und herausforderndes Erlebnis. Die Anpassung des Aussehens und der Leistung Ihres Flugzeugs sorgt für eine persönliche Note, während die detaillierten Flugsysteme des Spiels ein tiefgreifendes und fesselndes Flugerlebnis bieten. Egal, ob Sie Anfänger oder erfahrener Pilot sind, Microsoft Flight Simulator 2024 bietet für jeden etwas.

KAPITEL 3

Die Flugsteuerung beherrschen

Das Beherrschen der Flugsteuerung im Microsoft Flight Simulator 2024 ist einer der lohnendsten Aspekte des Spiels. Ganz gleich, ob Sie von einem ruhigen, ländlichen Landeplatz starten oder beim Landeanflug auf einen geschäftigen internationalen Flughafen durch starken Seitenwind navigieren, für Ihren Erfolg ist es von entscheidender Bedeutung, dass Sie wissen, wie Sie das Flugzeug steuern. Die Flugsteuerung im Spiel spiegelt die wahre Dynamik der Luftfahrt wider und jedes Flugzeug verfügt über sein eigenes einzigartiges Steuerungssystem und Verhalten. Dieser Abschnitt führt Sie durch die grundlegenden und erweiterten Steuerelemente, die verfügbaren Hardwareoptionen für ein möglichst immersives Erlebnis und bietet Einblicke in die Durchführung komplexer Manöver und Stunts.

Grundlegende Bedienelemente und ihre Funktionen

Bevor Sie in die erweiterten Funktionen eintauchen, ist es wichtig, sich mit den grundlegenden Flugsteuerungen im Microsoft Flight Simulator 2024 vertraut zu machen. Diese Steuerungen sind für das Fliegen jedes Flugzeugs, von kleinen Propellerflugzeugen bis hin zu riesigen Verkehrsflugzeugen, von wesentlicher Bedeutung.

Gaspedal

Der Gashebel steuert die Motorleistung und damit die Geschwindigkeit des Flugzeugs. Im Microsoft Flight Simulator 2024 ist der Gashebel eine der wichtigsten Steuerungen, da er die Beschleunigung, Steiggeschwindigkeit und Sinkgeschwindigkeit des Flugzeugs bestimmt. Abhängig vom Flugzeug, das Sie fliegen, können Sie den Gashebel manuell einstellen oder das Autopilotsystem zur automatischen Steuerung nutzen.

Bei kleinen Flugzeugen steuern Sie den Gashebel normalerweise mit einem einzigen Hebel oder Knopf. Verkehrsflugzeuge hingegen verfügen über einen komplexeren Drosselklappenquadranten, mit dem Sie die Leistung für jedes Triebwerk unabhängig anpassen können. Um einen gleichmäßigen und effizienten Flug aufrechtzuerhalten, ist es wichtig zu verstehen, wie man den Gashebel effektiv steuert.

Querruder (Rollkontrolle)

Die Querruder werden über das Steuerjoch oder den Joystick gesteuert und sind für die Rollbewegung des Flugzeugs verantwortlich. Durch Kippen des Steuerknüppels nach links oder rechts bewirken die Querruder eine Querneigung der Flügel, sodass Sie das Flugzeug in beide Richtungen drehen können. Die Querruder gehören zu den empfindlichsten Bedienelementen eines Flugzeugs und sind für die Drehung und Aufrechterhaltung der Stabilität während des Fluges von entscheidender Bedeutung.

Im Microsoft Flight Simulator 2024 ist die richtige Verwendung der Querruder für einen reibungslosen und präzisen Flug unerlässlich. Kleine, schrittweise Eingaben sind oft effektiver als große, schnelle Bewegungen, insbesondere unter turbulenten Bedingungen. Wenn Sie verstehen, wie Sie die Querruder in Kombination mit anderen Bedienelementen (wie Seiten- und Höhenruder) verwenden, können Sie das Flugzeug gerade und auf Kurs halten.

Aufzüge (Pitch-Steuerung)

Das Höhenruder steuert die Neigung des Flugzeugs, die bestimmt, ob die Nase des Flugzeugs nach oben oder unten zeigt. Der Aufzug wird durch Ziehen oder Drücken des Jochs oder Joysticks gesteuert. Durch Ziehen wird die Nase angehoben, durch Drücken wird sie abgesenkt. Die Pitch-Kontrolle ist besonders wichtig, um die Höhe zu halten und Ihren Steig- oder Sinkflug zu bewältigen.

Die Beherrschung der Pitch-Kontrolle ist für reibungslose Starts und Landungen unerlässlich. Im Microsoft Flight Simulator 2024 müssen Sie das Höhenruder ständig anpassen, um die gewünschte Höhe und Steig- oder Sinkgeschwindigkeit beizubehalten. Beispielsweise wird beim Start durch Zurückziehen des Steuerbügels die Nase sanft angehoben, während Sie bei der Landung eine leicht nach unten gerichtete Position beibehalten müssen, um einen Strömungsabriss zu vermeiden.

Ruder und Pedale (Giersteuerung)

Das Ruder steuert das Gieren des Flugzeugs, also die Bewegung der Flugzeugnase nach links oder rechts. Die Steuerung erfolgt über die Pedale im Cockpit oder über eine Seitenrudersteuerung an Ihrem Steuerknüppel oder Steuerknüppel. Das Ruder hilft dabei, den Gierkräften entgegenzuwirken, die bei Kurvenfahrten oder Turbulenzen auftreten. Es hilft auch bei koordinierten Kurven und verhindert so, dass das Flugzeug ins Schleudern gerät.

Im Microsoft Flight Simulator 2024 ist die Verwendung des Seitenruders in Kombination mit Querrudern (zum Rollen) und Höhenrudern (zum Nicken) entscheidend für die Durchführung präziser Manöver. Beim Drehen helfen Ihnen beispielsweise kleine Eingaben am Seitenruder dabei, eine reibungslose Koordination aufrechtzuerhalten und zu verhindern, dass das Flugzeug vom Kurs abweicht.

Klappen

Bei Start und Landung werden Klappen eingesetzt, um den Auftrieb des Flugzeugs zu erhöhen und es abzubremsen. Sie werden über einen speziellen Hebel oder Knopf gesteuert und der Winkel der Klappen kann an unterschiedliche Flugbedingungen angepasst werden. Je weiter die Klappen ausgefahren sind, desto mehr Auftrieb wird erzeugt, aber es erhöht auch den Luftwiderstand und verlangsamt das Flugzeug.

Im Microsoft Flight Simulator 2024 ist es wichtig zu wissen, wann und wie Klappen eingesetzt werden. Typischerweise werden die Klappen während des Starts ausgefahren, um zusätzlichen Auftrieb und eine kürzere Startstrecke zu bieten, und sie werden während der Landung ausgefahren, um das Flugzeug zu verlangsamen und einen steileren Sinkflug zu ermöglichen. Aufgrund der realistischen Flugphysik des Spiels ist das richtige Klappenmanagement für einen reibungslosen Betrieb von entscheidender Bedeutung.

Flight Sticks, Joysticks und andere Hardware

Während es möglich ist, Microsoft Flight Simulator 2024 mit Tastatur und Maus zu spielen, wird das Erlebnis mit einem Joystick, Flight Stick oder sogar einem vollständigen Flight-Yoke- und Pedal-Setup weitaus eindringlicher und präziser. Diese Geräte simulieren die Steuerung eines echten Flugzeugs und ermöglichen es den Spielern, die Kräfte und Reaktionen ihres Flugzeugs beim Fliegen zu spüren.

Joysticks

Ein Joystick ist eines der am häufigsten von Flugsimulationsbegeisterten verwendeten Steuergeräte. Es bietet eine intuitive Möglichkeit, die Quer- und Höhenruder (Rollen und Nicken) des Flugzeugs zu steuern. Joysticks gibt es in verschiedenen Ausführungen, von einfachen Modellen mit einem einzigen Griff bis hin zu erweiterten Versionen mit Gashebel und Tasten für zusätzliche Steuerung. Die Verwendung eines Joysticks bietet ein taktileres Erlebnis als die Verwendung einer Tastatur und ermöglicht eine präzise Steuerung, insbesondere bei komplexen Manövern.

Wenn Sie beispielsweise einen Kampfjet oder ein kleines Flugzeug der allgemeinen Luftfahrt fliegen, ermöglicht ein Joystick schnelle, reaktionsschnelle Bewegungen, die für die Durchführung enger Kurven oder Ausweichmanöver unerlässlich sind. Die Präzision der Joystick-Bewegungen ist entscheidend dafür, dass das Flugzeug stabil und auf Kurs bleibt.

Flugstöcke

Ein Flightstick ähnelt einem Joystick, bietet jedoch einen realistischeren Steuerungsmechanismus. Es wird normalerweise mit einem separaten Gasquadranten und Ruderpedalen kombiniert. Flightsticks ermöglichen sanftere und kontrollierte Eingaben, insbesondere bei Hochgeschwindigkeitsflügen oder komplexen Manövern. Diese Geräte sind für professionelle Flugsimulatoren unverzichtbar und bieten ernsthaften Flugbegeisterten ein hohes Maß an Realismus.

Im Microsoft Flight Simulator 2024 kann Ihnen ein Flight Stick dabei helfen, fortgeschrittenere Bewegungen auszuführen und verschiedene Flugzeugtypen, einschließlich Militärjets, zu steuern. Egal, ob Sie einen Überschalljäger oder ein klassisches Propellerflugzeug fliegen, der Flightstick bietet ein immersives Erlebnis, das ein Joystick allein nicht reproduzieren kann.

Ruderpedale

Ruderpedale sind eine wichtige Ergänzung zu jedem Flugsimulationsaufbau und ermöglichen eine präzise Kontrolle über die Gierbewegung des Flugzeugs. Sie werden normalerweise in Verbindung mit einem Steuerknüppel oder Steuerknüppel verwendet, um sanfte und koordinierte Kurven zu gewährleisten. Im Microsoft Flight Simulator 2024 sorgen Ruderpedale für eine realistischere Ebene, sodass Spieler präzisere Flugmanöver durchführen können.

Beispielsweise können bei einer scharfen Kurve oder bei Wind die Ruderpedale zur Aufrechterhaltung der Koordination eingesetzt werden und so ein Schleudern des Flugzeugs verhindern. Ruderpedale sind besonders wichtig beim Fliegen großer Verkehrsflugzeuge, wo die Aufrechterhaltung der Koordination während des gesamten Fluges für einen reibungslosen Betrieb von entscheidender Bedeutung ist.

Drosselquadrant

Für Verkehrsflugzeuge ist ein Drosselquadrant unerlässlich. Es ermöglicht den Spielern, den Gashebel für jeden Motor unabhängig zu steuern, was für die Steuerung des Kraftstoffverbrauchs, der Motorleistung und der Reisegeschwindigkeit von entscheidender

Bedeutung ist. Der Gasquadrant wird in Verbindung mit dem Joch oder Joystick verwendet und sorgt für ein professionelleres Flugerlebnis.

Im Microsoft Flight Simulator 2024 bietet der Gasquadrant den Spielern eine realistische Möglichkeit, die Triebwerksleistung während Start, Flug und Landung zu steuern. Die Anpassung des Gashebels für verschiedene Flugphasen ist für die Optimierung der Flugzeugleistung von wesentlicher Bedeutung, und der Gasquadrant macht diesen Vorgang intuitiver.

Fortgeschrittene Kontrolltechniken für erfahrene Piloten

Sobald Sie die Grundsteuerung des Flugzeugs beherrschen, ist es an der Zeit, in fortgeschrittene Techniken einzutauchen, die Ihre Flugfähigkeiten verbessern. Microsoft Flight Simulator 2024 ermöglicht eine umfassende Anpassung und Steuerung, sodass Spieler komplexe Manöver durchführen und die Grenzen ihres Flugzeugs überschreiten können.

Fortgeschrittene Drehtechniken

Beim Fliegen mit hoher Geschwindigkeit oder unter schwierigen Bedingungen reichen Standardkurven möglicherweise nicht aus. Fortgeschrittene Wendetechniken wie die Koordinationswende und die Kampfwende ermöglichen es Piloten, schärfere und kontrollierte Kurven zu fahren, ohne an Höhe oder Geschwindigkeit zu verlieren. Der Schlüssel zu diesen fortgeschrittenen Manövern ist ein koordinierter Einsatz der Querruder und Seitenruderpedale.

Wenn Sie beispielsweise eine Kurve mit hoher Geschwindigkeit fliegen, müssen Sie einen höheren Schub beibehalten und das Seitenruder verwenden, um ein Schleudern des Flugzeugs zu verhindern. Fortgeschrittene Piloten wissen, wie sie die Kräfte von Gier-, Nick- und Rollkräften ausgleichen können, um Kurven effizient auszuführen, insbesondere beim Manövrieren von Militärjets oder großen Verkehrsflugzeugen.

Stallwiederherstellung

Für jeden Piloten ist es von entscheidender Bedeutung, zu verstehen, wie man sich von einem Strömungsabriss erholt, und der Microsoft Flight Simulator 2024 bietet eine realistische Strömungsabrissdynamik, die schnelle und korrekte Reaktionen erfordert. Ein Strömungsabriss tritt auf, wenn die Flügel des Flugzeugs ihren kritischen Anstellwinkel überschreiten, was zu einem Auftriebsverlust führt. Dies ist besonders häufig bei niedrigen Geschwindigkeiten und bei steilen Anstiegen der Fall.

Um sich von einem Strömungsabriss zu erholen, müssen erfahrene Piloten den Anstellwinkel verringern, die Fluggeschwindigkeit durch Absenken der Flugzeugnase wiederherstellen und schrittweise Leistung aufbringen, um einen weiteren Strömungsabriss zu verhindern. Im Microsoft Flight Simulator 2024 können Spieler diese Techniken unter verschiedenen Bedingungen üben, um ihre Fähigkeit zu verbessern, Strömungsabrisse sicher zu bewältigen.

Präzisionslandungen

Ein Markenzeichen des Expertenfliegens ist die Fähigkeit, sanfte und präzise Landungen durchzuführen. Im Microsoft Flight Simulator 2024 kann die Landung eines Flugzeugs eine komplexe Aufgabe sein, insbesondere wenn Windbedingungen, Landebahnlänge und Flugzeuggewicht berücksichtigt werden. Fortgeschrittene Piloten wissen, wie sie den Anflugweg anpassen, die Geschwindigkeit steuern und die Klappen im richtigen Moment ausfahren, um eine perfekte Landung zu gewährleisten.

Der Schlüssel zu präzisen Landungen liegt in der Aufrechterhaltung einer gleichmäßigen Sinkgeschwindigkeit und der Ausrichtung des

Flugzeugs auf die Landebahn, während die Nase leicht nach oben gehalten wird, um ein hartes Aufsetzen zu vermeiden. Bei Verkehrsflugzeugen bedeutet dies, den Anweisungen des Flugleiters zu folgen und den Autopiloten in Verbindung mit manuellen Steuerungen für den Endanflug zu verwenden.

Verbesserungen des Flugmodus im Jahr 2024 gegenüber 2020

Microsoft Flight Simulator 2024 führt eine Reihe von Verbesserungen an den Flugmodi ein, die das Gesamterlebnis verbessern und es für Spieler aller Spielstärken zugänglicher machen. Diese Upgrades bieten eine realistischere Flugdynamik, bessere Autopilot-Funktionen und ein reibungsloseres Handling bei Langstreckenflügen.

Autopilot-Verbesserungen

Der Autopilot im Microsoft Flight Simulator 2024 ist fortschrittlicher als in der Version 2020, mit neuen Modi für besseres Höhenmanagement, vertikale Geschwindigkeitskontrolle und Geschwindigkeitssynchronisierung. Diese Funktionen sind besonders nützlich für Langstreckenflüge, da sich die Spieler auf die Navigation konzentrieren können, während der Autopilot die Reise übernimmt.

Im Vergleich zur Version 2020 bietet der Autopilot im Jahr 2024 eine intuitivere Steuerung und eine größere Anpassungsfähigkeit, was die Handhabung komplexer Flugpläne und automatischer Sinkflüge erleichtert.

Flugdirektorsysteme

Auch das Flugleitsystem wurde verbessert. Es bietet eine genauere und intuitivere Führung bei Landungen und Starts und hilft Piloten, der richtigen Flugbahn zu folgen und gefährliche Abweichungen zu vermeiden. Im Jahr 2024 integriert sich der Flugleiter besser in das GPS und den Autopiloten des Flugzeugs und liefert Echtzeit-Feedback zu Höhe, Geschwindigkeit und Kurs.

Echtzeit-Wetterintegration

Eine der wichtigsten Verbesserungen im Microsoft Flight Simulator 2024 ist das verbesserte Wettersystem. Das Spiel bietet jetzt dynamischere und realistischere Wetteränderungen wie plötzliche Stürme, Nebel und Winddrehungen, die sich auf die Flugleistung auswirken können. Dies erfordert, dass die Spieler ihre Steuerung und Flugpläne entsprechend anpassen. Das Wettersystem der Version 2024 bietet ein noch intensiveres und herausforderndes Erlebnis, da die Spieler durch reale Wettermuster navigieren müssen, die sich dynamisch ändern.

Durchführen komplexer Manöver und Stunts

Erfahrene Piloten können im Microsoft Flight Simulator 2024 komplizierte Stunts und Manöver ausführen, die ihre Präzision und Kontrolle auf die Probe stellen. Ganz gleich, ob Sie in einem Militärjet oder einem Oldtimer-Propellerflugzeug fliegen: Das Meistern von Stunts verleiht dem Spiel Spannung und Geschicklichkeit.

Kunstflugmanöver

Kunstflugmanöver wie Loopings, Fassrollen und Immelmann-Kurven sind im Microsoft Flight Simulator 2024 verfügbar. Die Ausführung dieser Bewegungen erfordert eine präzise Kontrolle über Nicken, Rollen und Gieren, und es ist wichtig, die Einschränkungen des Flugzeugs bei der Durchführung von Stunts zu verstehen. Beispielsweise erfordert ein Looping vom Piloten, gleichmäßig Gas zu geben und die Flügel gerade zu halten, während eine Laufrolle eine sorgfältige Koordination zwischen Querruder und Seitenruder erfordert, um eine gleichmäßige Rolle aufrechtzuerhalten.

Diese Manöver werden am häufigsten in Kampfflugzeugen und Kunstflugzeugen durchgeführt, aber Microsoft Flight Simulator 2024 bietet die Möglichkeit, sie in einer Vielzahl von Flugzeugtypen zu üben. Das Beherrschen dieser Bewegungen verbessert nicht nur Ihre Flugfähigkeiten, sondern bietet auch einen aufregenden und lohnenden Aspekt der Flugsimulation.

Durch die Beherrschung der Flugsteuerung, des Hardware-Setups und der erweiterten Manöver werden die Spieler ihr Flugerlebnis im Microsoft Flight Simulator 2024 auf ein neues Niveau heben. Egal, ob Sie Anfänger oder erfahrener Pilot sind, das Spiel bietet zahlreiche Möglichkeiten, Ihre Fähigkeiten zu verbessern, spannende Stunts auszuführen und herausfordernde Flugmissionen zu meistern. Wenn Sie Ihre Flugtechniken weiter verfeinern, werden Sie im Cockpit leistungsfähiger und selbstbewusster und sind bereit, alles anzunehmen, was der virtuelle Himmel Ihnen in den Weg stellt.

KAPITEL 4

DIE WELT DES MICROSOFT-FLUGSIMULATORS 2024

Die Welt im Microsoft Flight Simulator 2024 ist riesig, detailliert und dynamisch. Für viele Flugsimulationsbegeisterte ist es das Markenzeichen dessen, was das Spiel von anderen Spielen seines Genres unterscheidet. Die virtuelle Welt in dieser Ausgabe geht über weite Landschaften und Kulissen hinaus; Es integriert Echtzeitwetter, realistische Flugsicherungssysteme und Flugplanungstools, die ein fesselndes, herausforderndes und immersives Erlebnis gewährleisten. Mit einem realistischen Ansatz für die globale Navigation ist Microsoft Flight Simulator 2024 die bisher umfangreichste und detaillierteste Version. In diesem Abschnitt werden die wichtigsten Aspekte behandelt, die die Welt im Microsoft Flight Simulator 2024 so bemerkenswert machen, darunter die Funktionsweise der Weltkarte, die Unterschiede in den Weltdetails zwischen 2020 und 2024 sowie die Rolle der Flugsicherung und Wetterintegration.

Navigieren auf der Weltkarte

Das Navigieren auf der Weltkarte im Microsoft Flight Simulator 2024 kann ein faszinierendes Erlebnis sein, egal ob Sie durch Ihre Heimatstadt fliegen oder eine kontinentale Reise unternehmen. Die Weltkarte ist für Ihr Navigationserlebnis von zentraler Bedeutung. Sie bietet einen Überblick über den gesamten Globus und bietet Tools für Flugplanung, Wettervorhersagen und Flugverkehrsaktualisierungen. Die Karte ist so in das Spiel integriert, dass sie reale Navigationstechniken widerspiegelt, was sie sowohl für Anfänger als auch für erfahrene Piloten unverzichtbar macht.

So navigieren Sie auf der Weltkarte

Die Weltkarte ist Ihr Ausgangspunkt vor jedem Flug. Der Zugriff erfolgt über das Hauptmenü, in dem Sie Ihren Abflughafen, Ihr Ziel und Ihre Flugroute auswählen können. Die Benutzeroberfläche bietet mehrere Möglichkeiten, die Welt zu betrachten, von der Vogelperspektive bis hin zu einer detaillierten, vergrößerten Perspektive der Landschaft. Sie können die Karte einfach scrollen, zoomen und drehen, um Ihre gewünschte Flugroute festzulegen.

Die Flugplanung im Microsoft Flight Simulator 2024 wird durch einige wichtige Funktionen vereinfacht:

- **Flugplanerstellung**: Mit der Weltkarte können Sie Ihre Route anhand von Wegpunkten, Luftwegen und Direktrouten planen. Sie können Ihren Flugplan manuell eingeben, indem Sie Flughäfen auswählen, oder das Flugplanungstool verwenden, um automatisch eine Flugroute basierend auf den von Ihnen ausgewählten Abflug- und Ankunftsorten zu generieren. Für zusätzlichen Komfort können Sie Flugpläne auch in Flugplanungssoftware von Drittanbietern importieren und exportieren.

- **Wegpunkte und VOR-Stationen**: Bei der Planung Ihres Fluges nutzen Sie häufig Wegpunkte und VOR-Stationen (Very High Frequency Omnidirektional Range). Diese Funknavigationssysteme sind für Langstreckenflüge von entscheidender Bedeutung, da sie eine zuverlässige Möglichkeit bieten, Ihre Position zu verfolgen und sicherzustellen, dass Sie auf Kurs bleiben. Durch die Auswahl bestimmter VOR-Stationen oder Wegpunkte können Sie Ihre Route an Ihr gewünschtes Flugmuster anpassen.

- **Luftraum- und Höhenschichten**: Eines der Hauptmerkmale beim Navigieren auf der Weltkarte ist das Verständnis der Luftraumschichten. Wenn Sie in die Karte hineinzoomen, werden Sie verschiedene Arten von Lufträumen bemerken, die für verschiedene Flugoperationen vorgesehen sind, wie z. B. kontrollierte Lufträume in der Nähe von Flughäfen und Sperrgebiete rund um Militärgebiete. Diese Bezeichnungen helfen beim Verständnis der Flugverkehrsstruktur und sind für die Flugplanung von entscheidender Bedeutung. Darüber hinaus können Sie auf der Karte die Reiseflughöhe festlegen und die

Flughöhe entsprechend dem von Ihnen geflogenen Flugzeug und den zu befolgenden Vorschriften anpassen.

Zusätzliche Funktionen der Weltkarte

- **Wetterschicht**: Die Karte im Microsoft Flight Simulator 2024 verfügt über eine Wetterüberlagerung, mit der Sie Wettermuster auf der ganzen Welt in Echtzeit überprüfen können. Diese Funktion ist wichtig, um Flugbedingungen zu ermitteln und Anpassungen an Ihrem Flugplan vorzunehmen. Unabhängig davon, ob Sie Gewitter, starke Winde oder Turbulenzen vermeiden möchten, bietet diese Wetterschicht einen sofortigen Einblick in die Flugumgebung.

- **Navigationshilfen**: Wenn Sie sich auf der Weltkarte bewegen, werden Ihnen verschiedene Navigationshilfen wie Landebahnen, Rollwege und Flughäfen auffallen. Diese werden mit hoher Präzision angezeigt und erleichtern Ihnen die Navigation zum und vom Flughafen.

Hauptunterschiede im Weltdetail zwischen 2020 und 2024

Seit der Veröffentlichung von Microsoft Flight Simulator 2020 wird das Spiel für seinen beeindruckenden Detaillierungsgrad und seinen Realismus gelobt. Die Welt wurde mithilfe von Satellitendaten, KI-gestützten Algorithmen und Cloud Computing erschaffen, wodurch eine fotorealistische Darstellung der Erdoberfläche entstand. Mit der Veröffentlichung des Microsoft Flight Simulator 2024 sind die Entwickler jedoch noch einen Schritt weiter gegangen. Hier erfahren Sie, wie sich die Weltdetails im Jahr 2024 von der Vorgängerversion unterscheiden.

Verbesserte Visuals und Grafiken

Die größte Änderung zwischen Microsoft Flight Simulator 2020 und 2024 ist die Verbesserung der visuellen Wiedergabetreue. Während 2020 bereits über beeindruckende Grafiken verfügte, geht 2024 mit schärferen Texturen, detaillierteren Landschaften und verbesserten Lichteffekten auf die nächste Stufe. Die neue Version profitiert von besseren Rendering-Techniken, was zu realistischeren Wolkenformationen, genaueren Wasserreflexionen und schärferen Details in Städten und Landschaften führt.

- **Städte und Wahrzeichen:** Im Microsoft Flight Simulator 2024 sind Großstädte, Flughäfen und Sehenswürdigkeiten noch genauer. Die KI wurde verbessert, um bessere Darstellungen städtischer Gebiete zu erstellen, einschließlich realistischer Gebäude und dichter besiedelter Stadtlandschaften. Auch Flughäfen wurden detaillierter modelliert, von den Terminalgebäuden bis hin zu den Rollwegen und Start- und Landebahnen.

- **Bessere Geländemodellierung:** Die Geländemodellierung im Jahr 2024 wurde mit höher aufgelösten Satellitendaten und verbesserter Texturkartierung aktualisiert. Dies ermöglicht genauere Geländemerkmale wie Berge, Flüsse, Wälder und Täler und trägt so zu einem noch intensiveren Flugerlebnis bei. Darüber hinaus stellt die Verwendung von Echtzeitdaten sicher, dass sich die Landschaften, über die Sie fliegen, mit den Veränderungen in der Welt weiterentwickeln, sodass sich jeder Flug einzigartig anfühlt.

Verbesserte KI und Weltdynamik

Die Welt im Microsoft Flight Simulator 2024 fühlt sich lebendiger an als je zuvor. Die KI, die die Umgebung generiert und den Flugverkehr steuert, wurde erheblich verbessert. Beispielsweise wurde die Art und Weise, wie KI Wetterereignisse wie Gewitter generiert, verbessert, um dynamischere, interaktivere Umgebungen zu schaffen. Darüber hinaus ist der Flugverkehr jetzt reaktionsschneller, da die Flugzeuge realistischeren Flugrouten folgen und die Flugzeuge in Situationen mit hoher Verkehrsdichte präziser voneinander getrennt werden können.

Das Spiel führt außerdem fortschrittlichere KI-Systeme für zivile und militärische Flugzeuge ein, die unabhängig voneinander in der Welt operieren. Die Interaktion zwischen Flugzeugen, Wetter und Flugsicherung wurde optimiert und bietet ein realistischeres Flugerlebnis.

Integration des realen Wetters im Jahr 2024

Eines der herausragenden Features von Microsoft Flight Simulator seit seiner Einführung ist die Integration des realen Wetters. Microsoft Flight Simulator 2024 geht jedoch noch einen Schritt weiter und bietet verbesserte Wettersysteme, die dynamischer auf Veränderungen in der Atmosphäre reagieren. Das Wetter im Jahr 2024 basiert nicht nur auf Echtzeitdaten, sondern berücksichtigt auch saisonale Veränderungen und regionale Schwankungen.

Echtzeitwetter

Im Microsoft Flight Simulator 2024 werden Echtzeit-Wetteraktualisierungen direkt von Wetterstationen auf der ganzen Welt bezogen. Diese Funktion stellt sicher, dass Spieler während des Fluges die genauesten und aktuellsten Wetterbedingungen erleben. Von heftigen Schneestürmen in Alaska bis hin zu klarem Himmel über dem Mittelmeer – das Wetter wird den Bedingungen entsprechen, die Sie an jedem beliebigen Tag in der realen Welt vorfinden würden.

Dynamische Wetterereignisse

Das Spiel führt jetzt dynamische Wetterereignisse ein, die sich während des Fluges entwickeln. Beispielsweise kann es sein, dass Sie einen Flug bei klarem Himmel beginnen und sich während der Reise plötzlich ein Gewitter entwickelt. Sie müssen Ihren Flugweg und Ihre Flughöhe anpassen, um Turbulenzen zu vermeiden und gleichzeitig einen Sicherheitsabstand zu Blitzen und starkem Regen einzuhalten. Diese Echtzeitreaktion auf Wetteränderungen macht jeden Flug einzigartig.

Sichtbarkeit und Windeffekte

Im Microsoft Flight Simulator 2024 ist die Sicht ebenfalls ein wichtiger zu berücksichtigender Faktor, insbesondere beim Fliegen in Gebieten, die für Nebel oder Dunst bekannt sind. Piloten müssen ihre Navigationstechniken und Flugpläne anpassen, um sicherzustellen, dass sie bei eingeschränkter Sicht sicher navigieren können. Ebenso können sich Windgeschwindigkeit und -richtung auf das Flugverhalten des Flugzeugs auswirken und erfordern von den Piloten ständige Anpassungen, insbesondere während des Starts und der Landung. Dies verleiht dem Spiel einen Grad an Realismus, der in früheren Versionen nicht vorhanden war.

Grundlegendes zur Flugsicherung (ATC) und Kommunikation

Die Flugsicherung (ATC) spielt eine entscheidende Rolle dabei, dass sich der Microsoft Flight Simulator 2024 wie ein realitätsgetreues Flugerlebnis anfühlt. Das ATC-System sorgt für eine realistische Kommunikation zwischen Pilot und Bodenkontrolle und hilft dabei, Flugzeuge sicher durch den Luftraum zu führen. Das Verständnis der Interaktion mit ATC ist von entscheidender Bedeutung, insbesondere für die Verwaltung langer Flüge und die Navigation auf stark frequentierten Flughäfen.

Die ATC-Schnittstelle

Im Microsoft Flight Simulator 2024 wurde das ATC-System überarbeitet, um es interaktiver und realistischer zu machen. Die Benutzeroberfläche ist klar und übersichtlich und die Piloten erhalten Anweisungen zu Höhe, Geschwindigkeit, Kurs und Anflugverfahren. Spieler können entweder das Funkfeld im Spiel oder Spracherkennungsbefehle verwenden, um mit ATC zu kommunizieren, was den Prozess noch intensiver macht.

Wie sich ATC auf Ihren Flug auswirkt

Bei ATC im Microsoft Flight Simulator 2024 geht es nicht nur darum, Ihnen die Freigabe für Start oder Landung zu erteilen. Es enthält außerdem Anweisungen zu Flughöhen, Geschwindigkeitsanpassungen und anderen wichtigen Navigationsbefehlen. Das Verständnis dieser Befehle und die entsprechende Reaktion sind der Schlüssel zur Aufrechterhaltung eines reibungslosen Betriebs, insbesondere in stark befahrenen Lufträumen oder bei unvorhersehbaren Wetterbedingungen.

VFR- und IFR-Flüge

Im Microsoft Flight Simulator 2024 werden hauptsächlich zwei Arten von Flugplänen verwendet: Visual Flight Rules (VFR) und Instrument Flight Rules (IFR). VFR-Flüge werden bodenbezogen durchgeführt und häufig für Kurzstrecken- oder Rundflüge eingesetzt. IFR-Flüge hingegen sind instrumentenbasiert und werden bei Langstreckenflügen oder bei schlechten Wetterbedingungen eingesetzt. Das ATC-System führt Sie durch beide Flugtypen und passt seine Befehle an Ihren Flugplan an.

Flugplanung und Routenerstellung: Wie es sich entwickelt hat

Bei der Flugplanung im Microsoft Flight Simulator 2024 geht es nicht nur um die Auswahl Ihrer Abflug- und Ankunftspunkte; Dazu gehört die Berücksichtigung der Wetterbedingungen, des Flugverkehrs und der effizientesten Route basierend auf der Leistungsfähigkeit Ihres Flugzeugs.

Einen Flugplan erstellen

Mit dem Flugplanungstool im Microsoft Flight Simulator 2024 können Sie detaillierte Flugpläne erstellen, indem Sie Wegpunkte, VOR-Stationen und Luftwege auswählen. Spieler können jetzt komplexe Routen planen, die Luftraumbeschränkungen, Höhenpräferenzen und die besten Routen zur Vermeidung widriger Wetterbedingungen berücksichtigen.

Die aktualisierte Weltkarte und das KI-System liefern genauere Daten für die Routenplanung, einschließlich Informationen zu eingeschränktem Luftraum, Wetterbedingungen und nahegelegenen Flughäfen. Das intelligente Routing-System des Spiels hilft Ihnen, auf langen Flügen bessere Entscheidungen zu treffen und sorgt so für eine reibungslose Reise.

Anpassungen in Echtzeit

Im Microsoft Flight Simulator 2024 ist die Flugplanung kein einmaliger Prozess mehr. Spieler können ihren Flugplan in Echtzeit basierend auf Wetteränderungen, ATC-Anweisungen oder anderen Faktoren anpassen. Das Spiel bietet außerdem ein dynamisches Flugroutenvorschlagssystem, das die besten Alternativrouten vorschlagen kann, wenn Ihre geplante Route durch schlechtes Wetter oder Flugverkehrsbeschränkungen unterbrochen wird.

Flugzeit- und Treibstoffmanagement

Im Jahr 2024 ist die Verwaltung von Flugzeit und Treibstoffverbrauch komplexer geworden. Spieler müssen nun den Treibstoffstand genau überwachen und dabei Windgeschwindigkeit, Höhe und

Flugzeuggewicht berücksichtigen, um die Treibstoffeffizienz zu optimieren. Dies fügt der Flugplanung ein strategisches Element hinzu, insbesondere bei Langstreckenflügen, bei denen die Verwaltung des Treibstoffverbrauchs ein zentraler Bestandteil der Reise ist.

Microsoft Flight Simulator 2024 bietet ein beispielloses Maß an Detailgenauigkeit, Realismus und Immersion. Die Weltkarte hat sich zu einer dynamischen und interaktiven Umgebung mit Echtzeitwetter, realistischem Flugverkehr und verbesserten Flugplanungstools entwickelt. Wenn Sie wissen, wie Sie durch die Welt navigieren, Ihre Routen planen und mit ATC kommunizieren, wird Ihr Flugerlebnis reibungslos und angenehm sein, egal ob Sie Anfänger oder erfahrener Pilot sind.

KAPITEL 5

KAMPF- UND NOTFALLSZENARIEN

Microsoft Flight Simulator 2024 hebt die Kampf- und Notfallszenarien auf ein beispielloses Niveau und bietet Spielern die Möglichkeit, Hochgeschwindigkeits-Luftkämpfe zu erleben, komplexe Kampfsituationen zu meistern und auf reale Notfälle zu reagieren, mit denen Piloten am Himmel konfrontiert sind. Unabhängig davon, ob Sie im Cockpit eines Militärjets oder eines Verkehrsflugzeugs sitzen, ist es für das Überleben, den Erfolg und das Eintauchen in das Spiel von entscheidender Bedeutung, den Umgang mit diesen Szenarien zu verstehen.

Die Einführung von Militärjets in Microsoft Flight Simulator 2024 hat dem Gameplay eine neue Dimension hinzugefügt und ermöglicht es den Spielern, sich an Kampfmissionen zu beteiligen, fortgeschrittene Luftkämpfe zu üben und Luft-Luft-Kämpfe wie nie zuvor zu erleben. Die detaillierte Simulation von Triebwerksausfällen und anderen Notsituationen im Spiel bedeutet, dass selbst die erfahrensten Piloten wachsam und reaktionsbereit bleiben müssen, wenn etwas schief geht.

In diesem Abschnitt werden die verschiedenen Aspekte der Kampfmechanik, das Überleben von Luftkämpfen, der Umgang mit Triebwerksausfällen und das Verständnis der wichtigsten Unterschiede zwischen Microsoft Flight Simulator 2024 und der Edition 2020 im Hinblick auf Kampf- und Notfallhandhabung behandelt. Wenn Sie diese Fähigkeiten beherrschen, sind Sie gut gerüstet, um selbst die anspruchsvollsten Szenarien zu meistern.

Kampfmechanik (für Militärjets)

Im Microsoft Flight Simulator 2024 sind Kampfmechaniken eine wichtige Ergänzung, die das Gameplay deutlich verbessert. Durch die Einbeziehung von Militärjets wie der F-22 Raptor, der F-35 Lightning II und anderen können Spieler nun an Luftkämpfen teilnehmen, Kampfeinsätze abschließen und ihre Pilotenfähigkeiten in Situationen mit hohem Risiko unter Beweis stellen.

Flugzeugsysteme und Waffen

Militärjets im Microsoft Flight Simulator 2024 sind mit einer breiten Palette an Waffen, Systemen und Avionik ausgestattet, die es den Spielern ermöglichen, sich an echten Kampfsituationen zu beteiligen. Diese Flugzeuge verfügen über realistische Waffensysteme wie Maschinengewehre, Luft-Luft-Raketen (AAMs) und Luft-Boden-Raketen (AGMs). Das Spiel bietet eine intuitive Benutzeroberfläche für die Verwaltung von Waffen, einschließlich Zielsystemen, die feindliche Flugzeuge und Bodenziele erfassen.

- **Raketen und Waffen**: Die im Kampf am häufigsten verwendeten Waffen sind Raketen und Gewehre. Luft-Luft-Raketen sind für den Angriff auf feindliche Flugzeuge konzipiert, während Luft-Boden-Raketen für die Bekämpfung feindlicher Einrichtungen, Fahrzeuge und Strukturen am Boden eingesetzt werden. Das Zielsystem des Spiels ermöglicht es den Spielern, Ziele mithilfe von Radar- und Infrarotsensoren anzuvisieren. Maschinengewehre werden in Nahkämpfen eingesetzt, und für den Kampferfolg ist es entscheidend zu wissen, wann zwischen diesen Waffen gewechselt werden muss.

- **Radar- und Zielerfassung**: Militärjets im Microsoft Flight Simulator 2024 sind mit fortschrittlichen Radarsystemen ausgestattet, die es Piloten ermöglichen, feindliche Flugzeuge aus großer Entfernung zu erkennen. Das Radarsystem ist ein unverzichtbares Werkzeug, um Ziele zu lokalisieren und aus sicherer Entfernung anzugreifen. Spieler können Ziele mithilfe von Radar erfassen, sodass das Raketensystem des Flugzeugs sie automatisch zum Ziel führt. Um im Kampf die Oberhand zu gewinnen, ist es wichtig zu verstehen, wie man Radar- und Zielerfassungssysteme effektiv nutzt.

- **Gegenmaßnahmen**: Im Luftkampf sind Gegenmaßnahmen wie Leuchtraketen und Streuraketen unerlässlich, um ankommenden Raketen auszuweichen. Der Einsatz von Fackeln erzeugt eine Wärmesignatur, die wärmesuchende Raketen verwirren kann, während Spreu dazu verwendet wird, radargelenkte Raketen zu verwirren. Spieler können Gegenmaßnahmen manuell aktivieren oder sie so einstellen, dass sie automatisch ausgelöst werden, wenn eine Rakete auf ihr Flugzeug trifft. Hier ist das Timing von entscheidender Bedeutung – der Einsatz von Gegenmaßnahmen im falschen Moment könnte dazu führen, dass eine Rakete Ihr Flugzeug trifft.

Gas geben und manövrieren

Im Gegensatz zu zivilen Flugzeugen sind Militärjets im Microsoft Flight Simulator 2024 äußerst wendig und in der Lage, schnelle Kurven, Steigflüge und Ausweichmanöver durchzuführen. Die Drosselklappensteuerung des Jets spielt eine Schlüsselrolle bei Kampfmanövern. Bei höheren Geschwindigkeiten sind Jets schwieriger zu kontrollieren und die Aufrechterhaltung eines Gleichgewichts zwischen Geschwindigkeit und Manövrierfähigkeit ist entscheidend, um während eines Luftkampfs die Kontrolle zu behalten.

Militärjets verfügen über eine äußerst reaktionsschnelle Flugsteuerung, die es Piloten ermöglicht, scharfe Rollen, schnelle Loopings und andere anspruchsvolle Manöver durchzuführen. Das Beherrschen dieser

Manöver ist der Schlüssel, um feindlichen Raketen auszuweichen und sich für einen erfolgreichen Angriff zu positionieren. Ein Hochgeschwindigkeits-Jojo ist beispielsweise ein Manöver, das es dem Piloten ermöglicht, sich einen Vorteil zu verschaffen, indem er scharfe, schnelle Kurven macht, die den Gegner in eine nachteilige Position zwingen.

Luftkämpfe und Luftkämpfe überleben

Luftkämpfe sind einer der aufregendsten Aspekte des Luftkampfs im Microsoft Flight Simulator 2024. Diese intensiven, rasanten Gefechte erfordern von den Spielern, ihre Pilotenfähigkeiten mit einem tiefen Verständnis der Kampfstrategie und -taktiken zu kombinieren. Bei einem Luftkampf geht es nicht nur darum, schnell fliegen zu können; Es geht darum, den Gegner auszumanövrieren und zu überlisten.

Schlüssel zum Überleben in einem Luftkampf

- **Energiemanagement**: Energiemanagement bezieht sich auf das Gleichgewicht zwischen Geschwindigkeit, Höhe und Manövrierfähigkeit. Sowohl für die Offensive als auch für die Defensive ist es von entscheidender Bedeutung, eine hohe Geschwindigkeit beizubehalten und gleichzeitig in der Lage zu sein, im richtigen Moment zu klettern oder zu tauchen. Durch das Energiemanagement können Sie das Tempo des Luftkampfs bestimmen und Ihren Gegner dazu zwingen, auf Ihre Bewegungen zu reagieren. Es ist wichtig zu verstehen, wann Höhe gegen Geschwindigkeit getauscht werden muss und umgekehrt.

- **Den Gegner anlocken**: Eine der effektivsten Strategien in einem Luftkampf besteht darin, den Gegner in eine verwundbare Position zu locken. Dabei wird ein Manöver vorgetäuscht, beispielsweise eine Flucht vorgetäuscht oder ein Ziel überschossen, und die Situation dann schnell umgekehrt, um sich einen Vorteil zu verschaffen. Erfahrene Piloten nutzen diese Technik, um ihre Gegner dazu zu bringen, ihre Energie ineffizient zu nutzen, wodurch sie leichter ins Visier genommen werden können.

- **Tracking und Targeting**: Bei einem Luftkampf ist es wichtig, den Gegner im Auge zu behalten und gleichzeitig die Umgebung im Auge zu behalten. Je schneller sich Ihr Flugzeug bewegt, desto schwieriger wird es, Ziele zu verfolgen. Mithilfe des Radars, des Zielsystems und der Cockpitinstrumente können Sie feindliche Flugzeuge verfolgen und sich gleichzeitig für den Schuss positionieren.

- **Feindlichen Angriffen ausweichen**: Beim Ausweichen vor Raketen und Schüssen kommt es sowohl auf die Positionierung als auch auf Geschwindigkeit und Manövrierfähigkeit an. Wenn eine feindliche Rakete erfasst wird, können Ausweichmanöver wie Laufrollen, scharfe Kurven oder Jinking (eine schnelle, unvorhersehbare Richtungsänderung) die Flugbahn der Rakete beeinträchtigen. Bei eingehendem Geschützfeuer geht es vor allem darum, die Distanz und die Positionierung zu kontrollieren, um außerhalb der Schussreichweite des Feindes zu bleiben.

Bewältigung von Motorausfällen und anderen Notfällen

Notfälle sind ein unvermeidlicher Teil des Fliegens und Microsoft Flight Simulator 2024 beinhaltet eine realistische Simulation von Triebwerksausfällen, elektrischen Störungen und anderen kritischen Szenarien. Der Umgang mit diesen Situationen erfordert schnelles Denken, Ruhe und Kenntnisse der Flugzeugsysteme.

Motorausfälle

Ein Triebwerksausfall ist eine der gefährlichsten Situationen, mit denen jeder Pilot konfrontiert werden kann. Im Microsoft Flight Simulator 2024 werden Triebwerksausfälle unglaublich realistisch simuliert. Die Flugmodelle des Spiels berücksichtigen den Motor- und Flugzeugtyp, den Sie fliegen, sodass für jede Situation ein anderer Ansatz erforderlich ist.

- **Ursache für Motorschaden**: Ein Motorausfall kann aus verschiedenen Gründen auftreten, darunter mechanisches Versagen, Schäden durch feindliches Feuer oder sogar Umweltfaktoren wie extreme Wetterbedingungen. Sobald ein Triebwerksausfall auftritt, müssen die Spieler sofort Maßnahmen ergreifen, um sicherzustellen, dass das Flugzeug in der Luft bleibt und sicher landet. Wenn Sie einen Jet fliegen, ist der Verlust eines Triebwerks vielleicht nicht katastrophal, aber wenn Sie ein Propellerflugzeug fliegen, wird die Situation viel kritischer.

- **Umgang mit Motorschäden**: Der erste Schritt nach einem Triebwerksausfall besteht darin, die Systeme des Flugzeugs zu überprüfen, um die Ursache zu verstehen. Im Falle eines mechanischen Defekts gibt das Spiel häufig Hinweise darauf, was schief gelaufen ist. Nach der Diagnose des Problems sollten Piloten die Notfallmaßnahmen des Flugzeugs befolgen, z. B. die Geschwindigkeit reduzieren, die Höhe anpassen oder den Treibstoffverbrauch kontrollieren. Im Microsoft Flight Simulator 2024 müssen Sie sich bei der Bewältigung eines Triebwerksausfalls auf das verbleibende Triebwerk verlassen oder bei Bedarf zu einer sicheren Landung gleiten.

Elektrische Ausfälle und Gerätefehlfunktionen

Elektrische Störungen können zum Ausfall kritischer Systeme wie Kommunikation, Navigation oder Flugsteuerung führen. Im Microsoft Flight Simulator 2024 müssen Spieler Backup-Systeme und manuelle Flugsteuerungsmethoden verwenden, wenn ihre Primärinstrumente ausfallen.

- **Backup-Systeme**: Moderne Flugzeuge sind mit Backup-Systemen ausgestattet, die eingreifen, wenn die Primärsysteme ausfallen. Im Jahr 2024 sind diese Backup-Systeme vollständig modelliert und die Spieler müssen wissen, wie sie sie nutzen können, um einen reibungslosen Flugbetrieb aufrechtzuerhalten. Beispielsweise müssen Sie sich möglicherweise auf ein eigenständiges GPS-Gerät verlassen oder auf manuelle Flugsteuerung umschalten, wenn Ihr Autopilotsystem nicht richtig funktioniert.

- **Manuelles Fliegen**: Im Falle eines Stromausfalls müssen Sie möglicherweise ohne die Hilfe automatisierter Systeme zu grundlegenden Flugtechniken zurückkehren. Microsoft Flight Simulator 2024 bietet ein authentisches manuelles Flugerlebnis, bei dem sich die Spieler auf grundlegende Cockpitinstrumente und visuelle Referenzen verlassen müssen, um die Kontrolle über das Flugzeug zu behalten.

Unterschiede im Kampf- und Notfallmanagement zwischen 2020 und 2024

Während Microsoft Flight Simulator 2020 bereits realistische Kampf- und Notfallszenarien einführte, geht 2024 noch einen Schritt weiter. Die Unterschiede zwischen den beiden Versionen liegen vor allem in der

Tiefe der Kampfmechanik, dem Realismus von Notfallsituationen und der Reaktionsfähigkeit der Flugmodelle.

Kampfverbesserungen

Im Microsoft Flight Simulator 2024 sind Militärjets jetzt vollständig in fortschrittliche Avionik, Waffensysteme und Radarfunktionen integriert, was ein viel intensiveres Kampferlebnis schafft. Durch das Hinzufügen von Raketensystemen, Gegenmaßnahmen und realistischen KI-Gegnern werden strategische Ebenen und Komplexität hinzugefügt, die in der Version 2020 fehlten. Das Spiel führt auch dynamischere Kampfsituationen ein, wie Ausweichmanöver und Gefechte mit mehreren Flugzeugen, wodurch Luftkämpfe weitaus intensiver und lohnender werden.

Erweiterte Notfallverfahren

Notfallszenarien im Microsoft Flight Simulator 2024 sind jetzt komplexer und dynamischer. Das Motorausfallsystem ist differenzierter, da verschiedene Arten von Fehlern spezifische Reaktionen erfordern. Darüber hinaus verfügen Flugzeuge jetzt über fortschrittlichere Backup-Systeme, und Piloten müssen wissen, wie sie diese Systeme effektiv nutzen können, um durch Notfälle zu navigieren. Im Gegensatz dazu bot Microsoft Flight Simulator 2020 einfachere, weniger eindringliche Notfallszenarien, die nicht so viel Tiefe oder Realismus boten.

Erfolgreich in Krisensituationen landen

Die Landung eines Flugzeugs in einer Krisensituation, beispielsweise bei einem Triebwerksausfall oder nach feindlichem Beschuss, ist eine der anspruchsvollsten Aufgaben, denen sich ein Pilot stellen kann. Im Microsoft Flight Simulator 2024 erfordern erfolgreiche Landungen in Krisensituationen Präzision, Ruhe und ein solides Verständnis des Verhaltens des Flugzeugs unter Stress.

Landungen ohne Triebwerk

Im Falle eines Triebwerksausfalls müssen Piloten in der Lage sein, eine Landung ohne Triebwerk durchzuführen, bei der das Flugzeug ohne die Hilfe des ausgefallenen Triebwerks sicher gelandet wird. Das Spiel bietet eine realistische Simulation dieses Szenarios und verlangt von den Spielern, Geschwindigkeit, Gleitverhältnis und Sinkgeschwindigkeit zu kontrollieren, während sie zu einer Notlandebahn oder einem geeigneten Landeplatz navigieren.

Notfallverfahren für Militärjets

Bei Militärjets erfordert die Landung in Kampfsituationen häufig schnelle Entscheidungen, wie z. B. die Nutzung einer kurzen Landebahn oder die Durchführung einer Bauchlandung, wenn das Fahrwerk beschädigt ist. Im Microsoft Flight Simulator 2024 können Spieler diese anspruchsvollen Landungen in verschiedenen Kampfsituationen üben und lernen, wie sie auf mechanische Ausfälle oder feindliche Umgebungen reagieren.

Kampf- und Notfallszenarien im Microsoft Flight Simulator 2024 verleihen dem Spiel Spannung und Herausforderung. Die Beherrschung der Kampfmechanik, das Überleben von Luftkämpfen und der Umgang mit Motorausfällen erfordern Geschick, Strategie und schnelles Denken. Wenn Spieler verstehen, wie sie mit diesen Situationen umgehen, können sie ihr gesamtes Flugerlebnis verbessern und wahre Meister der Lüfte werden.

KAPITEL 6

Karrierefortschritt und Flugmissionen

Im Microsoft Flight Simulator 2024 ist das Karrierefortschrittssystem eine Schlüsselfunktion, die dem Spielerlebnis Tiefe und Langlebigkeit verleiht. Spieler dürfen nicht nur aus Freude fliegen, sondern können nun auch in einen Karriereweg eintauchen, indem sie Missionen erfüllen, Flugstunden sammeln, neue Flugzeuge freischalten und einzigartige Meilensteine erreichen. Ganz gleich, ob Sie ein Neuling sind, der in der Karriere aufsteigen möchte, oder ein erfahrener Pilot, der nach Perfektion strebt, der Karrieremodus bietet eine spannende Möglichkeit, die Luftfahrt auf strukturierte und lohnende Weise zu erleben.

In diesem Abschnitt erfahren Sie, wie sich Karrierefortschritt und Flugmissionen von Microsoft Flight Simulator 2020 bis 2024 entwickelt haben, welche Herausforderungen und Missionen verfügbar sind, wie Spieler neue Flugzeuge freischalten können und welche besonderen Aufgaben und Erfolge Ihnen helfen, Ihre Karriere voranzutreiben. Die Integration von Questoptionen verleiht Ihrem Karriereweg eine persönliche Note und ermöglicht es Ihnen, Ihren Weg basierend auf Vorlieben und Zielen zu gestalten.

Karrieremodus – Wie er sich von 2020 bis 2024 entwickelt hat

Mit Microsoft Flight Simulator 2020 wurde eine grundlegende Form der Karriereentwicklung eingeführt, deren Umfang jedoch begrenzt war. Man konnte zwar Missionen fliegen und Flugstunden sammeln, aber dem Karrieresystem mangelte es an Tiefe und es bot kein umfassendes Fortschrittserlebnis. Spieler konnten verschiedene Arten von Flügen absolvieren, es gab jedoch kein strukturiertes Karriereentwicklungssystem, das über das Erledigen einzelner Aufgaben hinaus sinnvoll erschien.

Im Microsoft Flight Simulator 2024 wurde der Karrieremodus erheblich verbessert und verfügt über eine detailliertere und lohnendere Struktur. Diese Entwicklung bringt nicht nur neue Missionen und Herausforderungen mit sich, sondern auch ein Gefühl von Zielstrebigkeit und Erfolg. Die Version 2024 beinhaltet ein ausgefeilteres Karrieresystem, das es den Spielern ermöglicht, verschiedene Karrierestufen zu durchlaufen, neue Jobmöglichkeiten freizuschalten und noch intensivere Erfahrungen in der Welt der Luftfahrt zu sammeln.

Dynamische Karrierewege

Der Karrieremodus im Jahr 2024 führt dynamische Karrierewege ein, die es den Spielern ermöglichen, eine Reihe von Berufen im Zusammenhang mit der Luftfahrt auszuüben. Von der Tätigkeit als Privatpilot kleiner Flugzeuge bis hin zum Kapitän einer kommerziellen Fluggesellschaft, einem Frachtpiloten oder sogar einem Militärflieger gibt es für Spieler viel mehr Flexibilität bei der Herangehensweise an ihre Karriere. Der Karriereverlauf des Spiels ist nicht länger ein einfaches „Flugmissionen, um Dinge freizuschalten"-System. Jetzt können Sie Entscheidungen treffen, die sich auf Ihren beruflichen Werdegang und die Ihnen angebotenen Missionen auswirken.

Beispielsweise können Sie zu Beginn Ihrer Karriere als Privatpilot oder Fluglehrer mit einfacheren, kürzeren Flügen beginnen und sich mit zunehmender Erfahrung schrittweise zu komplexeren Flügen hocharbeiten. Die Entscheidungen, die Sie treffen, wie zum Beispiel die Flugzeugtypen, die Sie fliegen, und die Missionen, die Sie annehmen, beeinflussen Ihren Karriereweg und die Arten von Möglichkeiten, die sich Ihnen in der Zukunft eröffnen.

Berufsspezialisierungen

Eine weitere wichtige Neuerung im Karrieremodus im Microsoft Flight Simulator 2024 ist die Einbeziehung von Berufsspezialisierungen. Spieler können ihre Karriere nun auf bestimmte Luftfahrtsektoren konzentrieren, wie zum Beispiel:

- **Kommerzielle Luftfahrt**: Arbeiten Sie sich von einem kleinen Flugzeugbetreiber zum erfahrenen Piloten einer großen Fluggesellschaft hoch. Bewältigen Sie Langstreckenflüge, verwalten Sie enge Zeitpläne und navigieren Sie durch geschäftige internationale Flughäfen.
- **Fracht und Fracht**: Für diejenigen, die die Herausforderung des Warentransports bevorzugen, bietet die Frachtroute verschiedene Flugpläne mit besonderen Herausforderungen wie Gewichtsverteilung, Wetteraspekten und Lieferungen mit hohem Risiko.
- **Militärpilot**: Als neue Ergänzung zum Microsoft Flight Simulator 2024 hat die militärische Luftfahrt ihren eigenen Karriereweg. Absolvieren Sie taktische Missionen, nehmen Sie an Luftkämpfen teil und absolvieren Sie Trainingsübungen, um Ihre Kampffähigkeiten zu verbessern und einen Rang zu erreichen.
- **Tourismus und Sehenswürdigkeiten**: Fliegen Sie auf malerischen Routen rund um die Welt und bieten Sie Touristen eine unvergessliche Luftaufnahme von Naturdenkmälern. Dieser Karriereweg konzentriert sich auf Kurzreisen und sehr detaillierte Flugerlebnisse.

Flugmissionen und Herausforderungen

Flugmissionen und -herausforderungen stehen im Mittelpunkt der beruflichen Weiterentwicklung im Microsoft Flight Simulator 2024. Diese Missionen sollen Ihre Pilotenfähigkeiten, Ihre Ausdauer und Ihre Fähigkeit, verschiedene Arten von Flugumgebungen und -bedingungen zu bewältigen, auf die Probe stellen. Egal, ob Sie ein kleines Propellerflugzeug fliegen oder ein komplexes Verkehrsflugzeug steuern, jede Mission stellt einzigartige Herausforderungen dar, die Strategie und Präzision erfordern.

Arten von Missionen

- **Transportmissionen**: Eine der Hauptmissionsarten, Transportmissionen, verlangt von den Spielern, Passagiere, Fracht oder Tiere zu bestimmten Zielen zu befördern. Diese Missionen dienen dazu, Ihre Flugplanung, Ihr Routenmanagement und Ihre Fähigkeit, mit wechselnden Wetterbedingungen umzugehen, zu testen. Sie müssen sicherstellen, dass Ihr Flug pünktlich ist, Ihr Treibstoff ordnungsgemäß verwaltet wird und sich Ihre Passagiere wohlfühlen.

- **Rettungseinsätze**: Microsoft Flight Simulator 2024 führt Rettungs- und Notfalloperationen ein, bei denen Spieler Flugzeuge einsetzen können, um Menschen aus abgelegenen Orten zu retten, Notvorräte zu liefern oder bei Katastrophenwiederherstellungsbemühungen zu helfen. Bei diesen Einsätzen müssen häufig schwieriges Gelände und widrige Wetterbedingungen bewältigt werden.

- **Militärische Missionen**: Neu im Microsoft Flight Simulator 2024: Militärmissionen beinhalten taktische Kämpfe, Bombenangriffe und Luftkämpfe mit feindlichen Flugzeugen. Sie müssen Hochgeschwindigkeitsmanöver bewältigen, Waffensysteme effektiv einsetzen und Luftkämpfe gegen KI-gesteuerte Gegner führen.

- **Sightseeing-Touren**: Für ein entspannteres Erlebnis können Spieler Sightseeing-Touren buchen und Passagiere auf

Rundflügen über berühmte Sehenswürdigkeiten und Naturwunder mitnehmen. Diese Missionen sind eine großartige Möglichkeit, die atemberaubende Grafik des Spiels zu erleben und eine Pause von intensiveren Flugherausforderungen zu genießen.

Karrierefortschritt durch Missionen

Das Abschließen dieser Missionen ist der Schlüssel zum Aufstieg im Karrieremodus. Jede Mission bietet Erfahrungspunkte, Flugstunden und in einigen Fällen Geldprämien, die zu Ihrem gesamten Karrierefortschritt beitragen. Wenn Sie Missionen abschließen, schalten Sie neue, komplexere Herausforderungen frei und erhalten schließlich die Möglichkeit, fortschrittlichere Flugzeuge zu fliegen und höher bezahlte Jobs anzunehmen.

Für einige Missionen sind bestimmte Flugzeugtypen erforderlich, daher müssen die Spieler nach und nach verschiedene Flugzeuge freischalten und fliegen. Jedes Flugzeug hat seine eigenen Herausforderungen und die Beherrschung jedes Flugzeugtyps wird zu Ihrem Gesamtfortschritt im Spiel beitragen.

Flugstunden sammeln und neue Flugzeuge freischalten

Im Microsoft Flight Simulator 2024 spielen Flugstunden eine wesentliche Rolle bei der Erschließung neuer Flugzeuge und Karrieremöglichkeiten. Flugstunden werden durch das Abschließen von Missionen und Herausforderungen verdient und dienen im Spiel als wichtigster Maßstab für Ihre Pilotenerfahrung.

Akkumulierte Flugstunden

Jeder Flug, den Sie absolvieren, egal ob es sich um eine kurze Trainingsmission oder einen Langstreckenflug handelt, trägt zu Ihren gesamten Flugstunden bei. Diese Stunden werden im Spiel erfasst und sind erforderlich, um fortgeschrittene Flugzeuge und Karrieremöglichkeiten freizuschalten. Nachdem Sie beispielsweise eine bestimmte Anzahl von Flugstunden in kleineren Flugzeugen gesammelt haben, können Sie möglicherweise Zugang zu größeren, komplexeren Flugzeugen wie Verkehrsflugzeugen oder Militärjets erhalten.

Im Laufe Ihrer Karriere werden Sie auf bestimmte Meilensteine stoßen, bei denen Ihre gesamten Flugstunden Ihnen Zugang zu Spezialflugzeugen oder neuen Missionstypen verschaffen. Darüber hinaus sind hinter diesen Meilensteinen einige besondere Aufgaben oder Erfolge verankert, die den Spielern einen zusätzlichen Anreiz bieten, ihre Flugstunden weiter auszubauen.

Neue Flugzeuge freischalten

Im Microsoft Flight Simulator 2024 geht das Freischalten neuer Flugzeuge Hand in Hand mit Ihrem Karrierefortschritt. Wenn Sie Missionen abschließen, Flugstunden sammeln und Erfahrung sammeln, schalten Sie eine Vielzahl von Flugzeugtypen frei. Welche Flugzeuge Ihnen zur Verfügung stehen, hängt von Ihrem Karriereweg ab, wobei bestimmte Flugzeuge für bestimmte Missionstypen reserviert sind (z. B. Militärjets für Kampfeinsätze oder schwere Frachter für Frachtflüge).

Die Flugzeugliste umfasst:

- **Privatflugzeuge**: Kleinere, leichtere Flugzeuge, ideal für Einsteiger. Diese Flugzeuge bieten eine entspanntere Steuerung und eignen sich perfekt für Kurzflüge und Trainingsmissionen.
- **Kommerzielle Jets**: Mit zunehmender Erfahrung schalten Sie große Verkehrsflugzeuge wie die Boeing 787 oder den Airbus A320 frei. Diese Flugzeuge erfordern fortgeschrittenere Fähigkeiten und werden auf Langstreckenflügen eingesetzt, die oft ein komplexes Flugverkehrsmanagement erfordern.

- **Militärflugzeuge**: Für diejenigen, die eine militärische Luftfahrtkarriere anstreben, werden Jets wie die F-35 Lightning II oder die F-22 Raptor nach Abschluss militärischer Missionen freigeschaltet. Diese Flugzeuge bieten ein aktionsorientierteres Flugerlebnis mit fortschrittlichen Waffensystemen und Kampfmanövern.
- **Spezialflugzeuge**: Dazu gehören einzigartige Modelle wie Frachtflugzeuge, Hubschrauber und sogar Elektroflugzeuge. Um diese Spezialflugzeuge freizuschalten, müssen bestimmte Karrieremeilensteine oder spezielle Aufgaben erfüllt werden.

Erledigung besonderer Aufgaben und Erfolge

Spezielle Aufgaben und Erfolge sollen den Spielern einzigartige Herausforderungen und Belohnungen bieten, die über die üblichen Karrieremissionen hinausgehen. Diese Aufgaben verleihen dem Karrierefortschrittssystem eine zusätzliche Tiefe und bieten die Möglichkeit, seltene Flugzeuge, besondere Titel und Bonusflugstunden zu verdienen.

Besondere Aufgaben

Zu den besonderen Aufgaben im Microsoft Flight Simulator 2024 könnten gehören:

- **Testflüge**: Spieler werden möglicherweise gebeten, neue Flugzeugmodelle unter realen Bedingungen zu testen, einschließlich extremen Wetterbedingungen, großen Höhen oder Kampfsituationen. Diese Flüge sollen Ihre Flugfähigkeiten auf die Probe stellen und Ihre Reaktionszeiten in Notfallszenarien testen.
- **Expeditionsmissionen**: Einige Aufgaben führen Sie auf einzigartige Flugexpeditionen zu schwer erreichbaren Orten wie

abgelegenen Inseln, Bergregionen oder Kriegsgebieten. Diese Missionen eignen sich besonders für Spieler, die ein abenteuerlicheres Flugerlebnis genießen.

- **VIP-Transport**: Bei diesen anspruchsvollen Aufgaben müssen Sie wichtige Passagiere oder VIPs unter engen Zeitplänen über weite Strecken befördern und dabei Ihr Zeitmanagement und die Aufrechterhaltung des optimalen Zustands des Flugzeugs auf die Probe stellen.

Erfolge

Erfolge im Microsoft Flight Simulator 2024 werden durch Meilensteine erzielt wie:

- **Geflogene Distanz**: Erreichen einer festgelegten Anzahl von Meilen oder Stunden, die mit verschiedenen Flugzeugtypen geflogen wurden.
- **Missionsabschluss**: Das Abschließen bestimmter Missionen oder Herausforderungen, die häufig schwierigere Bedingungen wie Nachtflüge, schlechtes Wetter oder Notlandungen beinhalten.
- **Spezialisierte Fähigkeiten**: Beherrschen bestimmter Fertigkeiten, wie z. B. Kunstflugmanöver, präzise Landungen oder komplexe Luftkämpfe, und das Erreichen hoher Punktzahlen in diesen Kategorien.

Diese Erfolge belohnen Sie nicht nur mit Auszeichnungen im Spiel, sondern schalten auch spezielle Flugzeuge, Flugmissionen und andere exklusive Inhalte frei, die das Spielerlebnis bereichern.

Quest-Auswahl – Ein tieferer Blick auf Karrierewege

Microsoft Flight Simulator 2024 führt eine tiefere Ebene der Interaktivität im Karriereverlauf ein, indem es den Spielern ermöglicht, sinnvolle Entscheidungen über ihren Karriereweg zu treffen. Diese Questauswahl kann erheblichen Einfluss darauf haben, wie sich Ihre Karriere entwickelt und welche Missionen und Flugzeuge Sie freischalten.

Anpassung des Karrierewegs

Spieler können jetzt zu Beginn ihrer Karriere ihre Spezialisierung wählen und entscheiden, ob sie Zivilpilot, Kapitän einer kommerziellen Fluggesellschaft oder Militärflieger werden möchten. Diese Entscheidungen beeinflussen die Art der Missionen, die Ihnen angeboten werden, die Flugzeuge, auf die Sie Zugriff haben, und die Herausforderungen, denen Sie gegenüberstehen. Wenn Sie sich beispielsweise auf die militärische Luftfahrt konzentrieren, verbringen Sie einen Großteil Ihrer Zeit mit dem Fliegen von Kampfeinsätzen, während Sie bei einer Karriere in der kommerziellen Luftfahrt große Jets auf Langstreckenflügen steuern müssen.

Ausrichtung der Mission auf die Karriereziele

Bestimmte Karrierewege im Microsoft Flight Simulator 2024 richten sich nach bestimmten Questreihen und Missionen. Wenn Sie sich beispielsweise für eine Karriere als Frachtpilot entscheiden, werden Sie mit Missionen rund um den Gütertransport konfrontiert, bei denen Ihre Fähigkeiten im Frachtmanagement und im Umgang mit schweren Lasten auf die Probe gestellt werden. Jeder Pfad bietet einzigartige Herausforderungen und belohnt die Spieler mit verschiedenen Arten von Missionen, Flugzeugen und Fortschrittsmöglichkeiten.

Microsoft Flight Simulator 2024 führt ein weitaus dynamischeres und umfassenderes Karriereentwicklungssystem als sein Vorgänger 2020 ein. Mit verschiedenen Missionstypen, der Möglichkeit, neue Flugzeuge basierend auf Ihrer Erfahrung freizuschalten, und der Einführung von Berufsspezialisierungen bietet das Spiel ein tiefgreifendes Karriereerlebnis in der Luftfahrt. Egal, ob Sie als Privatpilot, Militärflieger oder Kapitän einer kommerziellen Fluggesellschaft fliegen, der Karrieremodus im Microsoft Flight Simulator 2024 ermöglicht unzählige Stunden spannenden Spielspaß und lohnende Herausforderungen.

KAPITEL 7

BOSSKÄMPFE UND GROSSE BEGEGNUNGEN

Im Microsoft Flight Simulator 2024 sind Bosskämpfe und große Begegnungen eine aufregende neue Ergänzung, die das Kampferlebnis im Vergleich zur vorherigen Version verbessert. Die Einführung von Militärjets und Kampfmissionen bietet den Spielern eine einzigartige Gelegenheit, sich an hochriskanten Luftkämpfen zu beteiligen, gegen mächtige feindliche Flugzeuge anzutreten, Luftkämpfe in großer Höhe zu meistern und präzise Manöver auszuführen, um die Oberhand zu gewinnen. Bosskämpfe stellen nicht nur Geschicklichkeit, sondern auch Strategie auf die Probe. Die Spieler müssen ihren Flugstil anpassen, fortgeschrittene Kampftechniken anwenden und die ihnen zur Verfügung stehenden Waffensysteme einsetzen.

Dieser Abschnitt taucht tief in die Welt der Bosskämpfe und großen Kampfbegegnungen ein und untersucht, wie militärische Düsenkämpfe funktionieren, die Herausforderungen von Luftkämpfen in großer Höhe, die speziellen Bosse, die Sie freischalten können, und wie sich die Bosskampfmechaniken zwischen Microsoft Flight Simulator 2020 und 2024 unterscheiden. Wenn Sie diese Begegnungen meistern, können Sie die kampforientierten Inhalte im Jahr 2024 in vollem Umfang nutzen.

Bosskämpfe in Militärjets und Kampfeinsätzen

Im Microsoft Flight Simulator 2024 sollen Militärjets ein noch intensiveres und fesselnderes Kampferlebnis bieten. Im Gegensatz zur

Version 2020, die sich hauptsächlich auf die zivile Luftfahrt konzentrierte, führt 2024 spezielle Kampfeinsätze und Bosskämpfe ein, die fortgeschrittene Pilotenfähigkeiten und einen strategischen Ansatz für die Luftkriegsführung erfordern.

Arten von Bosskämpfen

Bosskämpfe im Microsoft Flight Simulator 2024 sind intensive Szenarien mit hohem Druck, in denen der Spieler oft gegen hochqualifizierte KI-gesteuerte feindliche Jets oder Militärflugzeuge antreten muss. Diese Begegnungen sollen die Fähigkeit des Spielers herausfordern, mit den Komplexitäten der militärischen Luftfahrt umzugehen, einschließlich fortschrittlicher Waffensysteme, Ausweichmanöver und Luft-Luft-Kampfstrategien. Jeder Bosskampf hat einzigartige Eigenschaften, darunter:

- **Fortgeschrittene Flugzeuge**: Die Bosse, denen Sie begegnen, fliegen häufig einige der fortschrittlichsten Militärjets wie die F-35 Lightning II, die F-22 Raptor oder sogar Experimentalflugzeuge. Diese Flugzeuge verfügen über hochentwickelte Radarsysteme, fortschrittliche Raketenfähigkeiten und eine hochmoderne Flugdynamik, die sie zu beeindruckenden Gegnern machen.

- **Spezialisierte Taktiken**: Jeder Boss ist mit seinen eigenen Kampftaktiken ausgestattet. Einige Bosse verwenden beispielsweise Hit-and-Run-Taktiken, bei denen sie schnell angreifen und sich dann zurückziehen, um an Höhe zu gewinnen, während andere aggressivere Luftkampftechniken anwenden, um Ihnen auf den Fersen zu bleiben und sich auf schnelle Nahkämpfe einzulassen. Das Erkennen dieser Muster und das Anpassen Ihrer Taktik ist entscheidend, um diese Begegnungen zu gewinnen.

- **Umweltfaktoren**: Wetterbedingungen und Umweltfaktoren spielen bei Kampfeinsätzen eine große Rolle. Nebel, Gewitter oder starker Wind können die Sicht beeinträchtigen und die Verfolgung Ihres Ziels erschweren. Diese Bedingungen stellen eine realistischere und dynamischere Herausforderung für die Spieler dar und zwingen sie, ihre Strategie und ihr Flugverhalten an die sich ändernden Bedingungen anzupassen.

Nimm an Bosskämpfen teil

Der Schlüssel zum Erfolg in Bosskämpfen liegt in Ihrer Fähigkeit, die Flugzeuge und Waffen zu beherrschen. Jede Mission stellt oft unterschiedliche Werkzeuge zur Verfügung, um den Boss anzugreifen, wie Raketen, Maschinengewehre und Gegenmaßnahmen wie Leuchtraketen und Spreu, um ankommenden Raketen auszuweichen. Hier sind ein paar wichtige Tipps für die Bewältigung von Bosskämpfen:

- **Studieren Sie das Verhalten des Chefs**: Das Verständnis der Angriffsmuster des Chefs ist entscheidend für den Erfolg. Beachten Sie ihre Bewegungen, wie sie sich engagieren und wie sie sich zurückziehen. Viele Bosse verlassen sich auf äußerst ausweichende Manöver und versuchen, sich hinter Sie zu stellen. Daher kann es Ihnen einen erheblichen Vorteil verschaffen, wenn Sie lernen, wann Sie scharf wenden, abtauchen oder Gegenmaßnahmen ergreifen müssen.

- **Energiemanagement**: Bei diesen Kämpfen kommt es darauf an, Ihre Geschwindigkeit und Höhe zu kontrollieren. Schnelle Kurven oder extreme Steigflüge können die Energie Ihres Flugzeugs verbrauchen und Sie anfällig für feindliche Angriffe machen. Wenn Sie lernen, Ihre Geschwindigkeit und Energie effizient zu verwalten, können Sie schnelle Anpassungen vornehmen und den Chef ausmanövrieren.

- **Waffensysteme:** Die Beherrschung des Waffensystems ist von entscheidender Bedeutung. Um Bosskämpfe zu überleben, ist es wichtig zu lernen, wie man Ziele mit Raketen anvisiert, wie man Waffen im Nahkampf effektiv einsetzt und wann man Gegenmaßnahmen einsetzt. Manche Bosse können am besten mit Langstreckenraketen bekämpft werden, während andere erfordern, dass Sie die Lücke schließen und in Luftkämpfen auf kurze Distanz Waffen einsetzen.

Luftkämpfe in großer Höhe und Kampfstrategie

Luftkämpfe in großer Höhe gehören zu den aufregendsten Aspekten militärischer Düsenkämpfe im Microsoft Flight Simulator 2024. Diese Luftkämpfe finden in Höhen über 20.000 Fuß statt, wo die dünne Luft die Kontrolle des Flugzeugs erschwert, aber auch Vorteile wie größere Raketenreichweiten und bessere Sicht bietet. Für den Erfolg dieser Missionen ist es wichtig zu verstehen, wie man in großen Höhen fliegt, wo die Fluggeschwindigkeit schwieriger zu kontrollieren ist.

Kampfstrategie für Luftkämpfe in großer Höhe

Der Kampf in großer Höhe erfordert eine andere Strategie als der Luftkampf in geringer Höhe. In größeren Höhen fliegen Flugzeuge normalerweise schneller, die Manövrierfähigkeit kann jedoch durch die dünne Luft beeinträchtigt werden. Die folgenden Strategien werden Ihnen dabei helfen, in Luftkämpfen in großer Höhe zu glänzen:

- **Energiemanagement:** Im Höhenkampf ist die Aufrechterhaltung der Energie (Geschwindigkeit und Höhe) entscheidend. Jets in großen Höhen können unglaublich hohe Geschwindigkeiten erreichen, und ein effizientes Energiemanagement ermöglicht es Ihnen, agil zu bleiben und gleichzeitig Treibstoff zu sparen. Harte Manöver mit hoher Geschwindigkeit verbrauchen schnell deine Energie und machen dich anfällig für feindliche Angriffe.

- **Schub-Gewichts-Verhältnis:** Das Schub-Gewichts-Verhältnis wird besonders bei Luftkämpfen in großer Höhe wichtig. Flugzeuge mit einem höheren Schub-Gewichts-Verhältnis können schneller steigen, in Kurven eine bessere Geschwindigkeit beibehalten und ihre Gegner im Allgemeinen ausmanövrieren. Wenn Sie die Fähigkeiten Ihres Jets kennen und wissen, wie er sich in der Höhe verhält, verschaffen Sie sich im Kampf einen Vorteil.

- **Einsatz von Raketen und Waffen:** In großen Höhen kann es aufgrund der atmosphärischen Bedingungen schwieriger sein, Raketenabwehrsysteme einzurichten. Daher ist es wichtig, Raketen mit Bedacht einzusetzen und sicherzustellen, dass die Zielerfassung während des Abschusses erhalten bleibt. Im Nahkampf sind Waffen möglicherweise effektiver, da die Gegner häufig versuchen, näher an Sie heranzukommen, um direkt in den Kampf zu gelangen.

Feindlichen Angriffen ausweichen

Bei einem Luftkampf in großer Höhe ist es unerlässlich, dem Raketenangriff auszuweichen. Das Gegenmaßnahmensystem des Spiels, das Spreu und Leuchtraketen umfasst, spielt eine entscheidende Rolle für Ihre Überlebensfähigkeit. Nutzen Sie bei Luftkämpfen in großer Höhe Verteidigungsmanöver wie Hochgeschwindigkeits-Yo-Yos, Fassrollen oder Tauch- und Klettertaktiken, um die Raketenerfassung des Feindes zu durchbrechen.

Spezielle Bosse zum Freischalten und Besiegen

Spezialbosse im Microsoft Flight Simulator 2024 sind eine Reihe einzigartiger Gegner mit hohem Schwierigkeitsgrad, die nach Abschluss bestimmter Missionen oder Meilensteine freigeschaltet werden können. Diese Bosse sind oft Teil besonderer Ereignisse oder Szenarien, bei denen Spieler eine Reihe von Zielen oder Herausforderungen erfüllen müssen, um sich diesen Elitefeinden zu stellen.

Spezielle Bosse freischalten

Spezielle Bosse werden normalerweise durch das Abschließen fortgeschrittener Kampfmissionen oder durch das Erreichen bestimmter Erfolge im Spiel freigeschaltet. Wenn Sie beispielsweise eine bestimmte Anzahl an Luftkämpfen oder Militärmissionen abschließen, werden Sie möglicherweise mit einem einzigartigen Bosskampf belohnt. Diese Bosse sollen Ihre Grenzen als Pilot auf die Probe stellen und eine große Herausforderung darstellen. Einige dieser Elitegegner verfügen über fortschrittliche Waffen, Ausweichtaktiken und die Fähigkeit, mehr Schaden einzustecken, bevor sie besiegt werden.

Zu den besonderen Bossen gehören:

- **Der Phantomraptor**: Ein schwer gepanzerter F-22 Raptor mit fortschrittlicher Bewaffnung, der Gegenmaßnahmen ergreifen kann und mit Stealth-Technologie ausgestattet ist. Um diesen Boss zu besiegen, müssen Sie die Zielerfassung und das Timing Ihrer Raketen sorgfältig verwalten.
- **Albtraumgeschwader**: Eine Gruppe von Elite-Kampfflugzeugen, die in perfekter Koordination operieren. Bei diesem Bosskampf musst du es mit mehreren Feinden gleichzeitig aufnehmen und dabei deine Fähigkeit testen, mehrere Ziele zu verfolgen und anzugreifen und gleichzeitig das Situationsbewusstsein zu bewahren.

Hauptunterschiede bei Bosskämpfen zwischen 2020 und 2024

Microsoft Flight Simulator 2020 verfügte über grundlegende Kampfmechaniken, aber 2024 hat die Komplexität und Tiefe der Kampfmissionen, einschließlich Bosskämpfen, erheblich erweitert. Die Hauptunterschiede zwischen den Bosskämpfen in den Jahren 2020 und 2024 liegen in der Komplexität der Kampfsysteme, der Vielfalt der Feinde und der zusätzlichen Ebene des Realismus bei Kämpfen mit hohen Einsätzen.

Kampfmechanik und KI-Verbesserung

Im Microsoft Flight Simulator 2024 ist die KI, die feindliche Bosse kontrolliert, weitaus fortschrittlicher als in der Version 2020. Bosse im Jahr 2024 sind mit intelligenteren Flugmustern und Kampfstrategien ausgestattet, wodurch sie viel schwerer zu besiegen sind. Diese KI-gesteuerten Feinde nutzen mehr Ausweichmanöver, kommunizieren mit ihren Flügelmännern und wenden ausgefeilte Taktiken an, die Sie dazu zwingen, bei jeder Bewegung strategisch nachzudenken.

Verschiedene Bosskämpfe

Während 2020 eine begrenzte Auswahl an Bosskämpfen bot, die sich hauptsächlich auf Einzelspielermissionen konzentrierten, wurde 2024 eine größere Auswahl an Bosstypen eingeführt, darunter Luft-Luft-Kampfbosse, Stealth-Missionen und mehrphasige Bosskämpfe. Die Bosse, denen Sie im Jahr 2024 gegenüberstehen, verfügen über spezielle Eigenschaften, wie zum Beispiel die Fähigkeit, sich auf psychologische Kriegsführung einzulassen und dabei Taktiken anzuwenden, die Ihre Konzentration stören und Sie dazu bringen, Ihre Schritte zu überdenken.

Bosskampf-Interaktivität

Im Jahr 2024 sind Bosskämpfe weitaus interaktiver. Die Umgebung ist dynamischer und die Interaktion zwischen Ihnen und dem Chef wurde durch neue Funktionen verbessert. Beispielsweise könnten Bosse im Jahr 2024 Umweltfaktoren wie Wetter und Gelände zu ihrem Vorteil nutzen und die Spieler dazu zwingen, sich spontan anzupassen.

Microsoft Flight Simulator 2024 bietet ein spannendes, immersives Erlebnis für Spieler, die sich für militärische Kämpfe und hochintensive Luftschlachten interessieren. Durch die Hinzufügung von Militärjets, Kampfmissionen und dynamischen Bosskämpfen hat 2024 das Kampferlebnis auf ein Maß an Komplexität und Tiefe gehoben, das in der Version 2020 fehlte. Ganz gleich, ob Sie an Luftkämpfen in großer Höhe teilnehmen, gegen Elitegegner antreten oder komplexe Kampfsituationen meistern – die Bosskämpfe und großen Begegnungen des Spiels stellen eine lohnende Herausforderung für Spieler dar, die gerne ihre Flugfähigkeiten in der Hitze des Gefechts unter Beweis stellen. Das Meistern dieser Begegnungen ist für den Fortschritt im Spiel und das Freischalten aller spannenden Inhalte von entscheidender Bedeutung.

KAPITEL 8

Landetechniken und realistische Ansätze

Die Landung eines Flugzeugs, sei es ein kleines Privatflugzeug oder ein großes Verkehrsflugzeug, ist einer der anspruchsvollsten und lohnendsten Aspekte der Flugsimulation. Im Microsoft Flight Simulator 2024 wurden die Komplexität und der Realismus der Landetechniken auf ein neues Niveau gehoben und bieten den Spielern ein immersives und äußerst detailliertes Erlebnis. Egal, ob Sie eine Routinelandung auf einer langen Landebahn durchführen oder eine Notlandung unter schwierigen Bedingungen bewältigen, die Beherrschung der Landekunst ist für jeden Piloten unerlässlich.

In diesem Abschnitt werden verschiedene Landetechniken behandelt, von der Perfektionierung der Kunst der Landung von Verkehrsflugzeugen bis hin zum Umgang mit kurzen Landebahnen und Notlandungen. Außerdem werden Landungen unter schwierigen Bedingungen in den Jahren 2020 und 2024 verglichen und Tipps für reibungslose und sichere Landungen auch bei schlechtem Wetter gegeben.

Perfektionierung der Kunst, Verkehrsflugzeuge zu landen

Die Landung eines Verkehrsflugzeugs ist ein heikler Vorgang, der Präzision, Geduld und ein solides Verständnis der Flugzeugsysteme erfordert. Im Microsoft Flight Simulator 2024 wurden Verkehrsflugzeuge wie der Boeing 787 Dreamliner und der Airbus A320 so modelliert, dass sie ihre realen Vorbilder so genau wie möglich nachbilden, wodurch der Landevorgang immersiver und realistischer wird. So perfektionieren Sie im Spiel die Kunst, ein Verkehrsflugzeug zu landen.

Vorbereitungen vor der Landung

Bevor Sie überhaupt mit dem Abstieg beginnen, müssen Sie einige wichtige Schritte unternehmen, um eine reibungslose Landung zu gewährleisten:

- **Flugplanung und Abstiegsprofil**: Ein gut geplanter Abstieg ist der Schlüssel zu einer reibungslosen Landung. Im Jahr 2024 können Sie mit dem Flight Management System (FMS) das optimale Sinkflugprofil inklusive Höhe, Geschwindigkeit und Sinkgeschwindigkeit berechnen. Dies ist besonders wichtig beim Anflug auf große Flughäfen mit hohem Flugverkehr.
- **Autopilotsysteme**: Das Autopilotsystem in Verkehrsflugzeugen ist unglaublich ausgefeilt und wurde im Jahr 2024 für mehr Realismus weiter verbessert. Während des Sinkflugs passt der Autopilot die Geschwindigkeit, Höhe und den Kurs des Flugzeugs an, um einen kontrollierten Anflug zu gewährleisten. Wenn Sie sich der Endphase des Anflugs nähern, schalten Sie den Autopiloten zur manuellen Steuerung aus.
- **Klappen- und Getriebekonfiguration**: Wenn Sie sich Ihrem Ziel nähern, fahren Sie die Klappen aus und senken Sie das Fahrwerk ab. Im Microsoft Flight Simulator 2024 wurde die Steuerung von Landeklappen und Fahrwerk realistischer modelliert, sodass Sie präzisere Anpassungen vornehmen können. Die Klappen sorgen für zusätzlichen Auftrieb und Kontrolle, während das Fahrwerk für eine sichere Landung sorgt.

Der letzte Ansatz

Wenn Sie für den Endanflug bereit sind, konzentrieren Sie sich darauf, das Flugzeug auf die Landebahn auszurichten. In dieser Landephase kommt es vor allem auf Präzision und Timing an:

- **Ausrichtung auf die Landebahn**: Im Jahr 2024 sorgen die Echtzeit-Flugsicherungs- (ATC) und Navigationssysteme des Spiels dafür, dass Sie die richtige Anleitung für die Ausrichtung auf die Landebahn erhalten. Wenn Sie einen Instrumentenanflug fliegen, werden Sie vom Instrumentenlandesystem (ILS) geführt, das eine präzise Ausrichtung auf die Landebahn gewährleistet. Bei visuellen Annäherungen müssen Sie sich auf Ihre Instrumente und die umliegenden Orientierungspunkte verlassen, um eine ordnungsgemäße Ausrichtung sicherzustellen.
- **Glide-Slope-Management**: Die Beherrschung des Gleitpfads ist für einen reibungslosen und kontrollierten Abstieg von entscheidender Bedeutung. Der Gleitweg stellt sicher, dass Ihre Sinkgeschwindigkeit konstant ist und Sie in der Lage sind, genau auf der Mittellinie der Landebahn zu landen. Im Jahr 2024 bietet das Spiel detaillierteres Feedback zu Ihrer Sinkgeschwindigkeit und Position relativ zum Gleitpfad, was Ihnen hilft, auf dem richtigen Weg zu bleiben.
- **Klappeneinstellungen**: Achten Sie beim Anflug auf die Landebahn darauf, die Landeklappen auf die richtige Einstellung für die Landung einzustellen. Volle Klappen ermöglichen einen steileren Sinkwinkel und langsamere Landegeschwindigkeiten. Es ist jedoch wichtig, die Klappen an die Fluggeschwindigkeit anzupassen, um einen übermäßig steilen Anflug oder einen möglichen Strömungsabriss zu vermeiden.

Touchdown und Rollout

Die letzte Phase der Landung ist das eigentliche Aufsetzen und Ausrollen. Hier kommt die wahre Kunst des Landens ins Spiel:

- **Der Roundout**: Wenn Sie sich der Landebahn nähern, heben Sie die Nase des Flugzeugs vorsichtig an, um den Sinkflug auszugleichen. Dies wird Roundout genannt und ist für ein reibungsloses Aufsetzen unerlässlich. Im Microsoft Flight Simulator 2024 wird dies erreicht, indem Sie den Steuerknüppel oder das Steuerjoch leicht nach hinten ziehen, während Sie Ihre Sinkgeschwindigkeit steuern.
- **Landung**: Idealerweise möchten Sie kurz vor der Landebahnschwelle aufsetzen. Ziel ist eine sanfte Landung, bei der zuerst die Haupträder und dann das Bugfahrwerk den Boden berühren. Ein festes, aber kontrolliertes Aufsetzen stellt sicher, dass Sie die Kontrolle behalten und gleichzeitig das Risiko eines Abprallens minimieren.
- **Bremsen und Ausrollen**: Betätigen Sie nach dem Aufsetzen leicht die Bremsen, um das Flugzeug abzubremsen und vollständig zum Stillstand zu bringen. Im Jahr 2024 simuliert das Spiel realistisches Bremsen und Abbremsen, sodass ein sorgfältiger Umgang mit den Bremsen für einen reibungslosen Rollout unerlässlich ist. Achten Sie darauf, die Klappen einzufahren und die Spoiler zu verwenden, um das Flugzeug weiter abzubremsen.

Kurze Landebahn und Notlandungen

Kurze Landungen und Notlandungen gehören zu den intensivsten und stressigsten Situationen, mit denen ein Pilot konfrontiert werden kann. Im Microsoft Flight Simulator 2024 erfordert der Umgang mit solchen Landungen ein hohes Maß an Geschick, da das Spiel die Herausforderungen simuliert, die diese Hochdruckszenarien mit sich bringen.

Kurze Landungen auf der Landebahn

Die Landung auf einer kurzen Landebahn bringt besondere Herausforderungen mit sich, wie z. B. eine begrenzte Distanz zum

Abbremsen und die Notwendigkeit eines steileren Anflugwinkels. Berücksichtigen Sie Folgendes, um eine kurze Landung auf der Landebahn zu bewältigen:

- **Anfluggeschwindigkeit und Klappen**: Bei kurzen Landungen auf der Landebahn sollten Sie Ihre Anfluggeschwindigkeit anpassen und die Klappen vollständig ausfahren, um mehr Auftrieb zu erzeugen und einen steileren Sinkflug zu ermöglichen. Dadurch können Sie schneller absteigen, ohne über der Landebahn zu schweben.
- **Aufsetzpunkt**: Versuchen Sie, so nah wie möglich an der Landebahnschwelle zu landen. Je schneller Sie Kontakt mit der Landebahn herstellen können, desto mehr Distanz steht Ihnen zum Abbremsen zur Verfügung. Stellen Sie sicher, dass Ihre Sinkgeschwindigkeit nicht zu steil ist, da dies zu einer harten Landung oder einem Kontrollverlust führen kann.
- **Brems- und Schubumkehrer**: Unmittelbar nach dem Aufsetzen Vollbremsung betätigen und Schubumkehrer einschalten (sofern verfügbar). Dies ist entscheidend für das Anhalten des Flugzeugs auf engstem Raum. Im Jahr 2024 wurde das Bremssystem für eine bessere Kontrolle weiter verfeinert. Zögern Sie also nicht, es effektiv einzusetzen.

Notlandungen

Bei einer Notlandung, beispielsweise einem Triebwerksausfall oder anderen Systemstörungen, müssen Piloten schnelle Entscheidungen treffen, um eine sichere Landung zu gewährleisten. So handhaben Sie eine Notlandung im Microsoft Flight Simulator 2024:

- **Bewerten Sie die Situation**: Der erste Schritt besteht darin, die Art des Notfalls einzuschätzen. Handelt es sich um einen Motorschaden? Eine Störung im Hydrauliksystem? Im Jahr 2024 bietet das Spiel detailliertere Notfallprotokolle, wie zum Beispiel Checklisten-basierte Verfahren und

In-Game-Eingabeaufforderungen, die Sie durch den Prozess führen.

- **Finden Sie einen geeigneten Landeplatz**: Wenn Sie zu einer Notlandung gezwungen werden, ist es wichtig, einen geeigneten Landeplatz zu finden. In vielen Fällen bedeutet dies eine Landung auf einer Notlandebahn oder offenem Gelände. Die realistische Umgebung des Spiels macht diesen Vorgang zu einer Herausforderung, da Sie das Flugzeug vorsichtig manövrieren müssen, um Hindernissen beim Sinkflug auszuweichen.

- **Verwalten Sie die Systeme des Flugzeugs**: Während einer Notlandung müssen Sie die Systeme des Flugzeugs verwalten, um die besten Erfolgsaussichten zu gewährleisten. Dazu kann es gehören, die Konfiguration des Flugzeugs anzupassen (z. B. die Klappen und das Fahrwerk auszufahren) oder den Treibstoff zu verwalten, um sicherzustellen, dass Ihnen nicht der Treibstoff ausgeht, bevor Sie Ihr Ziel erreichen.

Landung unter herausfordernden Bedingungen: 2020 vs. 2024

Die Landung bei schwierigen Wetterbedingungen wie starkem Wind, starkem Regen oder Schnee ist eine der schwierigsten Aufgaben für Piloten. Sowohl Microsoft Flight Simulator 2020 als auch 2024 bieten äußerst realistische Wettersysteme, es gibt jedoch wesentliche Unterschiede darin, wie sich diese Bedingungen auf Ihren Anflug und Ihre Landung auswirken.

Wettersimulation im Jahr 2020 vs. 2024

- **2020**: Bereits im Jahr 2020 war die Wettersimulation beeindruckend, mit dynamischen Wettermustern, die sich auf Sicht, Wind und Turbulenzen auswirkten. Allerdings war das Wettersystem oft vorhersehbar und die Spieler konnten die Wetterbedingungen oft relativ einfach vorhersehen.

- **2024**: Im Jahr 2024 wurde das Wettersystem aktualisiert, um noch realistischere und unvorhersehbarere Bedingungen zu bieten. Spieler können nun mit plötzlichen Wetterveränderungen wie unerwarteten Seitenwinden oder plötzlichen Stürmen rechnen, was jede Landung zu einem dynamischeren und herausfordernderen Erlebnis macht. Die Integration von Echtzeit-Wetterdaten sorgt für ein noch intensiveres Erlebnis, da sich die Wettersysteme im Spiel in Echtzeit entwickeln, basierend auf tatsächlichen Daten aus der ganzen Welt.

Tipps für die Landung bei schlechtem Wetter

Die Landung bei schlechtem Wetter ist eine der schwierigsten Herausforderungen für einen Piloten. Hier sind einige wichtige Tipps für eine sichere Landung im Microsoft Flight Simulator 2024:

- **Seitenwind**: Seitenwind kann die Kontrolle des Flugzeugs im Endanflug erschweren. Verwenden Sie die Querruder, um das Flugzeug auf der Landebahn auszurichten, während Sie mit dem Seitenruder dem Wind entgegenwirken. Ein geeigneter Krabbenwinkel (leicht angewinkelter Anflug) kann dabei helfen, Landungen bei Seitenwind zu bewältigen.
- **Turbulenz**: Bei turbulenten Bedingungen müssen Sie Ihre Anfluggeschwindigkeit anpassen und Ihre Höhe stabil halten. Vermeiden Sie scharfe Steuerbewegungen, da Turbulenzen leicht dazu führen können, dass das Flugzeug vom Kurs abkommt.
- **Geringe Sicht**: Beim Fliegen bei starkem Regen, Nebel oder Schnee kann die Sicht drastisch eingeschränkt sein. Verlassen Sie sich darauf, dass Ihre Instrumente und Anflugleitsysteme (wie das ILS) Sie durch den Anflug führen. Im Jahr 2024 machen es die verbesserten Instrumentensysteme des Spiels einfacher, sich auf Navigationstools statt auf visuelle Referenzen zu verlassen.

Tipps für reibungslose und sichere Landungen bei schlechtem Wetter

- **Verlangsamen:** Bei schlechtem Wetter ist es wichtig, die Anfluggeschwindigkeit zu reduzieren, um eine bessere Kontrolle bei der Landung zu gewährleisten. Wenn Sie Ihre Geschwindigkeit verringern, können Sie schneller auf Änderungen in der Fluglage des Flugzeugs reagieren, die durch Windböen oder Turbulenzen verursacht werden.
- **Passen Sie die Klappeneinstellungen an:** Passen Sie Ihre Klappeneinstellungen entsprechend den Wetterbedingungen an. Ausgefahrenere Klappen ermöglichen einen steileren Sinkflug und eine langsamere Geschwindigkeit, was bei starkem Wind oder Turbulenzen nützlich ist.
- **Seien Sie bereit, herumzulaufen:** Wenn sich die Bedingungen während des Endanflugs verschlechtern, seien Sie bereit, einen Durchstart durchzuführen. Im Jahr 2024 reagiert die Durchstartfunktion schneller und ermöglicht es Ihnen, einen Landeversuch sicher abzubrechen und es erneut zu versuchen, wenn sich die Bedingungen verbessern.

Die Landung im Microsoft Flight Simulator 2024 ist ein unglaublich detaillierter und lohnenswerter Prozess, egal ob Sie ein Verkehrsflugzeug landen, eine Notlandung durchführen oder mit schwierigen Wetterbedingungen zurechtkommen. Der verbesserte Realismus und die dynamischen Wettersysteme des Spiels bieten Piloten aller Erfahrungsstufen ein realistisches Erlebnis und machen das Landen zu einer Kunst, die Geschick, Wissen und Übung erfordert. Wenn Sie diese Landetechniken beherrschen, können Sie jedes Szenario souverän meistern und jedes Mal eine reibungslose und sichere Landung gewährleisten.

KAPITEL 9

ANPASSUNG – ERSTELLEN SIE IHR PERFEKTES FLUGZEUG

Im Microsoft Flight Simulator 2024 spielt die Anpassung eine entscheidende Rolle bei der Verbesserung des gesamten Flugerlebnisses. Egal, ob Sie ein Gelegenheitsspieler sind, der gemütliche Flüge durch wunderschöne Landschaften genießt, oder ein erfahrener Pilot, der jedes Detail perfektionieren möchte, das Spiel bietet eine Reihe von Optionen, um Flugzeuge an Ihre persönlichen Vorlieben anzupassen. Bei der Anpassung von Flugzeugen geht es nicht nur darum, Ihrem Flugzeug ein einzigartiges Aussehen zu verleihen, sondern auch darum, seine Leistung anzupassen, Sonderfunktionen hinzuzufügen und Upgrades freizuschalten, die zu Ihrem Flugstil passen. Von der Umgestaltung Ihres Flugzeugs über die Änderung seiner Leistung bis hin zum Hinzufügen persönlicher Details bietet Ihnen Microsoft Flight Simulator 2024 die Werkzeuge, um jeden Flug zu Ihrem eigenen zu machen.

Lassen Sie uns die wichtigsten Aspekte der Flugzeuganpassung im Jahr 2024 untersuchen, einschließlich Neugestaltungs- und Lackierungsoptionen, Leistungsmodifikationen, persönliche Details und die wichtigsten Unterschiede zwischen den Anpassungsfunktionen im Jahr 2020 und 2024.

Optionen für die Umgestaltung und Bemalung von Flugzeugen

Einer der angenehmsten Aspekte beim Anpassen Ihres Flugzeugs im Microsoft Flight Simulator 2024 ist die Möglichkeit, neue Designs zu erstellen und einzigartige Lackierungen zu erstellen. Mit den Lackierungsoptionen können Spieler das Aussehen ihrer Flugzeuge ändern, unabhängig davon, ob sie die Designs realer Fluggesellschaften nachbilden, individuelle Lackierungen erstellen oder ihrem Flugzeug einfach eine persönliche Note verleihen möchten.

Neugestaltung Ihres Flugzeugs

Lackierungen im Microsoft Flight Simulator 2024 können auf nahezu alle Flugzeugtypen im Spiel angewendet werden, von kleinen Privatflugzeugen bis hin zu großen Verkehrsflugzeugen. Diese Skins können die Farben, Logos, Muster und Aufkleber des Flugzeugs verändern. Egal, ob Sie die ikonische Lackierung einer großen Fluggesellschaft nachbilden oder Ihre eigene individuelle Lackierung entwerfen möchten, 2024 bietet eine beeindruckende Auswahl an Optionen.

- **Erstellen Sie Ihre eigene Lackierung**: Eines der herausragenden Features im Jahr 2024 ist die Möglichkeit, mithilfe des In-Game-Editors vollständig individuelle Lackierungen zu erstellen. Mit dem Lackierungseditor können Sie aus einer breiten Palette von Farben, Texturen und Aufklebern wählen sowie benutzerdefinierte Logos und Muster hinzufügen. Für eine erweiterte Anpassung können Spieler Designsoftware von Drittanbietern verwenden und ihre Kreationen direkt in das Spiel importieren.

- **Echte Airline-Lackierungen**: Für diejenigen, die Realismus mögen, enthält 2024 eine umfangreiche Bibliothek mit realen Airline-Lackierungen für die meisten großen Verkehrsflugzeuge. Spieler können mit berühmten Designs wie American Airlines, Lufthansa, British Airways und vielen mehr fliegen. Diese Lackierungen sind sehr detailliert und reproduzieren exakt die Logos, Farben und Markierungen, die auf tatsächlichen

Flugzeugen zu finden sind.

- **Sondereditionen**: Zusätzlich zu den Standard-Airline-Lackierungen bietet 2024 Sondereditions-Lackierungen an, die an In-Game-Events oder einzigartige Werbeaktionen gebunden sind. Diese Lackierungen dienen oft als Erinnerung an historische Meilensteine, besondere Flugzeuge oder einzigartige Kooperationen. Beispiele hierfür sind feierliche Lackierungen für Spielveröffentlichungen oder saisonale Ereignisse, die es Spielern ermöglichen, auf ihren Reisen exklusive Designs zu fliegen.

Livery-Marktplatz und Community-Kreationen

Zusätzlich zu den integrierten Lackierungsoptionen verfügt Microsoft Flight Simulator 2024 über einen integrierten Marktplatz, auf dem Spieler neue, von der Community erstellte Lackierungen herunterladen und kaufen können. Der Marktplatz bietet Nutzern eine Plattform zur Präsentation ihrer Arbeiten und bietet eine breite Palette an Designs, von echten Airlinc-Lackierungen bis hin zu fantastischen und fantasievollen Lackierungen. Auf diesem Marktplatz können Sie Ihre Anpassungsoptionen erweitern und aus Tausenden von der Community erstellten Lackierungen auswählen, um die visuelle Vielfalt Ihres Flugzeugs zu bereichern.

Ändern der Flugzeugleistung

Während die Ästhetik einen großen Teil der Individualisierung ausmacht, liegt der eigentliche Spaß für ernsthafte Flugsimulationsbegeisterte darin, die Leistung eines Flugzeugs zu verändern. Im Microsoft Flight Simulator 2024 können Spieler verschiedene Elemente der Leistung eines Flugzeugs an ihren Flugstil anpassen oder die Fähigkeiten des Flugzeugs verbessern.

Anpassen der Motorleistung und des Schubs

Für Spieler, die das Verhalten ihres Flugzeugs ändern möchten, ist die Anpassung der Triebwerksleistung eine der wirkungsvollsten Änderungen, die Sie vornehmen können. Durch die Änderung der Motorleistung können Sie das Schub-Gewichts-Verhältnis feinabstimmen und so mehr Geschwindigkeit oder mehr Kontrolle über das Flugzeug erlangen.

- **Motor-Upgrades**: In einigen Fällen können Spieler im Jahr 2024 Leistungssteigerungen an den Triebwerken bestimmter Flugzeuge installieren. Beispielsweise könnte die Aufrüstung der Triebwerke von Frachtflugzeugen deren Effizienz und Ladekapazität steigern, während eine Erhöhung des Schubs bei Militärflugzeugen die Manövrierfähigkeit im Kampf verbessern könnte. Diese Upgrades sind für einige Flugzeuge verfügbar und können das Flugverhalten eines Flugzeugs erheblich verändern.

- **Kraftstoffeffizienz und Verbrauch**: Neben der Triebwerksleistung können Spieler auch den Treibstoffverbrauch und die Effizienz von Flugzeugen anpassen. Durch die Optimierung der Triebwerkseinstellungen oder die Modifizierung der Treibstofftanks können Sie beispielsweise die Reichweite des Flugzeugs erhöhen und es so ideal für Langstreckenflüge oder Missionen machen. Dies ist besonders nützlich für Spieler, die gerne Langstreckenflüge fliegen und sicherstellen möchten, dass ihr Flugzeug die Distanz zurücklegen kann, ohne häufig auftanken zu müssen.

Flugdynamik und Handhabungsanpassungen

Auch die Flugdynamik ist ein Schlüsselelement der Leistungsanpassung. Im Microsoft Flight Simulator 2024 können Sie die Flugsteuerung des Flugzeugs optimieren, einschließlich der Reaktion der Querruder, Seitenruder und Höhenruder. Dadurch können Sie die

Reaktionsfähigkeit des Flugzeugs anpassen und es je nach Bedarf agiler oder stabiler machen.

- **Stabilität vs. Manövrierfähigkeit**: Wenn Sie beispielsweise ein Kampfflugzeug fliegen und eine bessere Manövrierfähigkeit für Luftkämpfe wünschen, können Sie das Flugmodell anpassen, um das Flugzeug agiler zu machen. Wenn Sie hingegen ein Verkehrsflugzeug fliegen und ein reibungsloses und stabiles Handling für die Passagiere benötigen, können Sie das Flugzeug so anpassen, dass die Stabilität Vorrang vor der Reaktionsfähigkeit hat.

- **Lande- und Startleistung**: Sie können auch die Lande- und Startleistung anpassen, z. B. den Auftrieb des Flugzeugs erhöhen oder den Luftwiderstand verringern. Dies ist besonders nützlich für Flugzeuge, die auf kürzeren Start- und Landebahnen oder in Notsituationen eingesetzt werden, in denen die Leistung von entscheidender Bedeutung ist.

Verleihen Sie Ihren Flugzeugen eine persönliche Note

Über die funktionalen Aspekte der Flugzeuganpassung hinaus ermöglicht Microsoft Flight Simulator 2024 den Spielern, ihren Flugzeugen eine persönliche Note zu verleihen. Bei diesen Anpassungen geht es darum, Ihr Flugzeug wirklich zu Ihrem eigenen zu machen, mit Optionen, die sowohl das visuelle als auch das interaktive Erlebnis verbessern.

Kundenspezifische Cockpits und Avionik

Im Jahr 2024 ist das Cockpit eine Erweiterung der Persönlichkeit des Piloten. Die Anpassung des Cockpit-Layouts und der Avionik ist ein wichtiger Aspekt der Personalisierung, insbesondere für Piloten, die viel

Zeit im Cockpit verbringen und ein maßgeschneidertes Erlebnis wünschen.

- **Instrumentenlayout**: Das Spiel ermöglicht es den Spielern, Cockpit-Instrumente zu modifizieren, von der Anordnung der Anzeigen und Fluginstrumente bis hin zum Hinzufügen benutzerdefinierter Anzeigen und Bedienelemente. Wenn Sie bestimmte Instrumente lieber an gut ablesbaren Orten haben möchten oder zusätzliche Instrumente für bestimmte Aufgaben (z. B. Navigation oder Kraftstoffmanagement) wünschen, können Sie die Anordnung nach Ihren Wünschen ändern.

- **Avionik-Upgrades**: Für fortgeschrittene Spieler bietet Microsoft Flight Simulator 2024 Avionik-Upgrades, die die Navigation und Flugsteuerung verbessern. Dies kann die Aufrüstung von Radarsystemen, das Hinzufügen benutzerdefinierter Autopilot-Funktionen oder die Verbesserung des GPS-Systems für eine genauere Flugplanung umfassen.

Innenanpassung

Wenn Sie einen Privatjet oder ein Verkehrsflugzeug fliegen, können Sie auch den Innenraum des Flugzeugs individuell gestalten. Obwohl diese Funktion in Kampfflugzeugen nicht so weit verbreitet ist, ist sie perfekt für diejenigen, die Verkehrsflugzeuge oder Privatjets personalisieren möchten. Im Jahr 2024 können die Individualisierungen des Innenraums von Sitzfarben und Polstern bis hin zu Kabinenbeleuchtung und Dekor reichen.

- **Innenarchitektur**: Bei Privatjets können Spieler das Design und Layout der Passagierkabine anpassen und aus verschiedenen Sitzstilen, Holzoberflächen und Dekorthemen wählen. Bei Verkehrsflugzeugen könnten die Innenausstattungsänderungen die Modernisierung der Bordunterhaltungssysteme oder die Hinzufügung von Luxusfunktionen zum VIP-Bereich umfassen.

Freischaltbare Anpassungsfunktionen im Jahr 2024 vs. 2020

Die Anpassungsfunktionen im Microsoft Flight Simulator haben sich zwischen den Versionen 2020 und 2024 erheblich weiterentwickelt. Während 2020 ein robustes System zur Änderung des Erscheinungsbilds von Flugzeugen eingeführt wurde, ist 2024 noch einen Schritt weiter gegangen und erweiterte Optionen für Leistungsanpassungen, Cockpit-Layouts und mehr hinzugefügt.

Neue Funktionen im Jahr 2024

- **Leistungsänderungen**: Im Jahr 2020 konzentrierte sich die Anpassung hauptsächlich auf visuelle Aspekte des Flugzeugs, wie etwa Lackierungen und Aufkleber. 2024 erweitert dies, indem es den Spielern ermöglicht, die Triebwerksleistung, die Fahreigenschaften und die Flugdynamik zu ändern. Bei der Individualisierung geht es nicht nur um das Aussehen, sondern auch um die Verbesserung des Flugerlebnisses.

- **Erweiterte Livery-Tools**: 2024 führt leistungsfähigere Lackierungswerkzeuge ein, darunter einen vollständigen Lackierungseditor zum Erstellen und Ändern von Texturen und Skins. Spieler haben jetzt Zugriff auf detailliertere Anpassungsoptionen, wie das Hinzufügen von Logos, das Anpassen von Farbverläufen und die Verwendung hochauflösender Texturen für ein eleganteres Aussehen.

- **Erweiterter Marktplatz**: Der Anpassungsmarktplatz im Jahr 2024 ist umfangreicher und bietet eine größere Auswahl an Lackierungen, Mods und Flugzeug-Upgrades zum Download. Die Möglichkeit, individuelle Designs zu kaufen und zu verkaufen, wurde ebenfalls verbessert, was einen umfassenderen, von der Community betriebenen Marktplatz ermöglicht.

Vergleich zu 2020

Während Microsoft Flight Simulator 2020 für seine Zeit bahnbrechend war, baut 2024 auf dieser Grundlage auf, indem es die verfügbaren Tools sowohl für die visuelle als auch für die leistungsbasierte Anpassung verbessert. Die Einführung dynamischerer Flugzeugmodifikationen, einschließlich Avionik-Upgrades und personalisierter Flugdynamik, gibt den Spielern viel mehr Kontrolle über die Funktionsweise ihres Flugzeugs und nicht nur über dessen Aussehen.

Microsoft Flight Simulator 2024 bietet ein beispielloses Maß an Anpassungsmöglichkeiten, sodass Spieler sowohl optisch als auch funktionell das perfekte Flugzeug erstellen können. Von der Modifizierung der Triebwerksleistung und Flugdynamik bis hin zur Erstellung einzigartiger Lackierungen und Innendesigns bietet Ihnen das Spiel die Werkzeuge, mit denen Sie Ihr Flugerlebnis wirklich personalisieren können. Ganz gleich, ob Sie ein Gelegenheitsspieler oder ein ernsthafter Flugsimulations-Enthusiast sind, mit diesen Anpassungsfunktionen können Sie Ihr Flugzeug genau an Ihre Spezifikationen anpassen und sicherstellen, dass jeder Flug einzigartig für Sie ist.

KAPITEL 10

KOMBOS UND SPEZIELLE TECHNIKEN

Im Microsoft Flight Simulator 2024 ist das Beherrschen fortgeschrittener Manöver und das Erlernen komplexer Flugtricks der Schlüssel zum Erfolg als Pilot, insbesondere bei Luftkämpfen oder Kunstflug. Ganz gleich, ob Sie in Luftkämpfe mit feindlichen Flugzeugen verwickelt sind oder an einer Kunstflugvorführung teilnehmen, Combos und Spezialtechniken sind unerlässlich, um die Oberhand zu gewinnen. Diese Fähigkeiten sind nicht nur beeindruckend, sondern auch praktisch sowohl für Kampfsituationen als auch für gelegentliche Flugherausforderungen. In diesem Abschnitt befassen wir uns mit fortgeschrittenen Manöverkombinationen und Kunstflugbewegungen und wie man mit diesen Techniken maximale Leistung erzielt. Außerdem werfen wir einen Blick darauf, wie sich Kunstflug und Kombinationen von 2020 bis 2024 entwickelt haben.

Erweiterte Manöverkombinationen für den Luftkampf

Luftkämpfe im Microsoft Flight Simulator 2024 erfordern mehr als nur reaktive Bewegungen; Es geht darum, die Bewegungen des Feindes vorherzusehen und mit präzisen, zeitlich gut abgestimmten Manövern zu reagieren. Fortgeschrittene Manöverkombinationen kombinieren mehrere Bewegungen zu flüssigen, nahtlosen Aktionen, die es Ihnen ermöglichen, Ihren Gegner auszumanövrieren, Raketen auszuweichen und sich auf einen Angriff vorzubereiten.

Manöverkombinationen verstehen

Bei einer Manöverkombination wird eine Reihe präziser Luftbewegungen ausgeführt, die in schneller Folge ausgeführt werden können. Im Luftkampf dienen diese Kombos dazu, dem feindlichen Feuer auszuweichen oder Sie in die Lage zu versetzen, anzugreifen. Der Schlüssel zur erfolgreichen Ausführung dieser Combos sind Timing und Kontrolle. Hier sind einige gängige Luftkampfkombinationen und ihre Verwendung:

- **Immelmann Turn + Split-S**: Die Immelmann-Kurve ist eine kletternde Halbschleife, gefolgt von einer Rolle, die Ihre Richtung umkehrt und an Höhe gewinnt. Dies wird häufig verwendet, um dem Angriff eines Gegners auszuweichen und gleichzeitig eine vorteilhafte Position zu erlangen. Darauf folgt ein Split-S (eine Umkehrung des Immelmann, bei dem das Flugzeug zum Abtauchen und Entkommen auf den Kopf gestellt wird) ist eine beliebte Kombination, um einem Luftkampf schnell zu entkommen und aus einem neuen Winkel wieder in den Kampf einzusteigen. Wenn Sie diese Kombination beherrschen, können Sie den Angriffsdruck aufrechterhalten und gleichzeitig dem Feind ausweichen.

- **Hochgeschwindigkeits-Yo-Yo:** Ein Hochgeschwindigkeits-Jojo wird verwendet, wenn sich Ihnen ein verfolgendes feindliches Flugzeug nähert. Die Bewegung beinhaltet einen schnellen Aufstieg, gefolgt von einem schnellen Abstieg, sodass Sie die Schwerkraft nutzen können, um Ihre Geschwindigkeit zu erhöhen und den Spieß gegen den Feind umzudrehen. Das Hochgeschwindigkeits-Jojo ist ein effektives Manöver, um den Feind auf Distanz zu halten und gleichzeitig einen überlegenen Angriffswinkel beizubehalten.

- **Schere**: Das Scherenmanöver ist eine Verteidigungskombination, mit der Sie einen verfolgenden Feind ausmanövrieren können. Indem Sie Ihre Flugbahn wiederholt kreuzen und die Richtung ändern, zwingen Sie den Feind, einem unvorhersehbaren Muster zu folgen. Dies erschwert es dem Feind, Ihr Flugzeug mit Raketen oder Schüssen zu erfassen, und gibt Ihnen die Möglichkeit, die Situation umzukehren und einen Gegenangriff durchzuführen.

Defensive Combos ausführen

Bei Verteidigungskombinationen geht es vor allem ums Überleben in Kampfszenarien mit hohem Druck. Mit diesen Kombos können Sie ein Gefecht schnell abbrechen oder einem Raketenangriff ausweichen, was Ihnen die Chance gibt, einen Neustart durchzuführen und eine bessere Position zu finden. Die folgenden Manöver sind für eine erfolgreiche Verteidigung unerlässlich:

- **Fassrolle + High-G-Drehung**: Der Barrel Roll in Kombination mit einer High-G-Drehung ist ein klassisches Verteidigungsmanöver. Die Laufrolle sorgt für eine plötzliche Richtungsänderung des Flugzeugs, wodurch es für Raketen oder feindliche Flugzeuge schwierig wird, Ihre nächste Bewegung vorherzusagen. Nach Abschluss des Wurfs können Sie sich mit einer Drehung mit hohem G schnell neu positionieren und mehr Platz zwischen Ihnen und Ihrem Gegner schaffen.

- **Kuss des Todes**: Beim „Kuss des Todes" handelt es sich um eine gewagte Bewegung im Luftkampf, bei der man mit hoher Geschwindigkeit direkt auf den Feind zufliegt und dann in letzter Sekunde abrupt nach oben zieht. Dieser Schachzug ist riskant, aber effektiv, um den Gegner zu desorientieren, sodass er über Sie hinausschießt und ihn anfällig für einen Gegenangriff macht.

Kunstflug: Loopings, Barrel Rolls und mehr

Beim Kunstflug geht es nicht nur darum, beeindruckende Kunststücke vorzuführen; Es geht auch darum, Ihr Flugzeug so zu steuern, dass die Leistung gesteigert wird, egal ob Sie einem Feind ausweichen oder einfach nur den Nervenkitzel des Fliegens genießen. Microsoft Flight Simulator 2024 führt realistischere und flüssigere Kunstflugsteuerungen ein und gibt Spielern die Möglichkeit, komplexe Lufttricks und Stunts mühelos auszuführen.

Klassische Kunstflugmanöver

Hier sind einige der klassischen Kunstflugbewegungen, die Sie im Microsoft Flight Simulator 2024 meistern möchten:

- **Schleifen**: Der Looping ist ein einfaches Kunstflugmanöver, bei dem das Flugzeug in einem vertikalen Bogen steigt, bis es den Scheitelpunkt erreicht, und dann auf demselben Weg wieder absteigt. Der Looping wird oft durchgeführt, um die Flugrichtung zu ändern und dabei Geschwindigkeit und Höhe beizubehalten. Im Jahr 2024 sind die Loopings noch reaktionsschneller, mit sanfteren Übergängen und mehr Kontrolle über die Flugbahn des Flugzeugs.

- **Fassrollen**: Die Fassrolle ist ein weiteres grundlegendes Kunstflugmanöver, bei dem das Flugzeug um seine Längsachse rollt und dabei einer spiralförmigen Flugbahn folgt. Dieses Manöver kann auf verschiedene Arten durchgeführt werden, entweder um einem feindlichen Flugzeug auszuweichen oder einfach um Zuschauer zu beeindrucken. Tonnenrollen können verwendet werden, um die Ausrichtung des Flugzeugs zu ändern und gleichzeitig Schwung und Kontrolle beizubehalten.

- **Hammerhai-Stall**: Ein Hammerhead Stall ist ein fortgeschrittenes Kunstflugmanöver, bei dem das Flugzeug einen vertikalen Steigflug ausführt, gefolgt von einem scharfen Strömungsabriss an der Spitze, wodurch das Flugzeug nach hinten kippt und dann nach vorne abstürzt. Dieses Manöver ist besonders in Kampfsituationen nützlich, da es Ihnen ermöglicht, schnell die Richtung umzukehren und hinter ein feindliches Flugzeug zu gelangen.

- **Kubanische Acht**: Die Cuban Eight kombiniert zwei Loopings mit einer halben Rolle dazwischen, was zu einem Achtermuster in der Luft führt. Dieses Manöver dient dazu, an Höhe zu gewinnen oder zu verlieren und gleichzeitig die Richtung zu ändern. Im Jahr 2024 kann die Cuban Eight reibungslos ausgeführt werden, was einen dynamischeren und flüssigeren Übergang zwischen den Schleifen ermöglicht.

Fortgeschrittener Kunstflug: Das Top-Gun-Erlebnis

Für diejenigen, die anspruchsvollere Kunstflugherausforderungen mögen, bietet Microsoft Flight Simulator 2024 die Möglichkeit, die gleichen Hochleistungsmanöver durchzuführen, die in legendären Luftkampffilmen wie „Top Gun" zu sehen sind. Bei diesen fortgeschrittenen Stunts müssen Piloten mehrere Tricks wie Loopings, Rollen und enge Kurven kombinieren, um eine einwandfreie Leistung zu erbringen. Die Beherrschung dieser Manöver kann die Zuschauer beeindrucken und Ihr Können als erfahrener Pilot unter Beweis stellen.

Mit Combos maximale Leistung erzielen

Um im Microsoft Flight Simulator 2024 maximale Leistung zu erzielen, geht es um mehr als nur die Durchführung der richtigen Manöver zur richtigen Zeit; Es geht darum zu verstehen, wie sich jede Aktion auf das Verhalten Ihres Flugzeugs auswirkt und wie Sie sie kombinieren können, um optimale Ergebnisse zu erzielen. Egal, ob Sie gegen die Uhr antreten oder versuchen, einen Feind zu besiegen, Combos können Ihnen einen erheblichen Leistungsschub verschaffen.

Maximierung von Geschwindigkeit und Agilität

Um die Leistung zu maximieren, müssen Sie Geschwindigkeit und Manövrierfähigkeit in Einklang bringen. Im Jahr 2024 können Sie Kombinationstechniken nutzen, um beides zu maximieren. Wenn Sie beispielsweise einen Looping mit anschließendem Split-S ausführen, können Sie Ihre Höhe schnell anpassen und an Geschwindigkeit gewinnen, sodass Sie sich auf einen aggressiveren Angriff vorbereiten können. Ebenso können Sie durch die Kombination eines Hochgeschwindigkeits-Jojos mit einer Drehung mit hohem G Energie sparen und gleichzeitig feindlichen Raketen ausweichen.

Kraftstoffeffizienz und Reichweite

Bei Combos geht es nicht nur um Beweglichkeit und Geschwindigkeit; Sie können sich auch auf die Treibstoffeffizienz und die Reichweite Ihres Flugzeugs auswirken. Bei Langstreckenflügen können Sie durch sanftere, langsamere Kurven und Steigflüge Treibstoff sparen, während Sie mit energieeffizienten Manövern wie dem Hochgeschwindigkeits-Yo-Yo die Geschwindigkeit beibehalten können, ohne Ihre Treibstoffreserven zu schnell zu erschöpfen. Im Jahr 2024 machen es die verbesserten Flugdynamik- und Treibstoffmanagementsysteme des Spiels noch wichtiger, treibstoffeffiziente Techniken einzusetzen, um die Reichweite Ihres Flugzeugs zu maximieren.

Erreichen optimaler Steig- und Sinkgeschwindigkeiten

Combos spielen auch eine Rolle bei der Erzielung optimaler Steig- und Sinkgeschwindigkeiten während des Fluges. Beispielsweise können Sie durch den Einsatz von Energiemanagement-Kombinationen – etwa durch die Kombination von Steigflügen mit Hochgeschwindigkeitstauchgängen – bessere Steiggeschwindigkeiten erzielen, ohne Treibstoff zu verschwenden oder abzuwürgen. Wenn Sie wissen, wie Sie diese Manöver effizient durchführen, können Sie die Leistung Ihres Flugzeugs bei Flugeinsätzen, insbesondere unter schwierigen Bedingungen, voll ausnutzen.

Kunstflugbewegungen, die sich von 2020 bis 2024 weiterentwickelt haben

Beim Übergang vom Microsoft Flight Simulator 2020 zu 2024 wurde das Kunstflugsystem erheblich verbessert, was zu flüssigeren, realistischeren Stunts und einer besseren Gesamtleistung führte. Diese Änderungen machen Kunstflug nicht nur angenehmer, sondern auch strategischer und nützlicher in Kampf- und Langstreckenflugszenarien.

Verbesserte Flugphysik

Microsoft Flight Simulator 2024 verfügt über eine aktualisierte Flugphysik, die Kunstflugmanöver realistischer und reaktionsschneller macht. Die Übergänge zwischen Manövern, etwa zwischen einem Looping und einer Fassrolle, sind fließender und das Verhalten des Flugzeugs wurde angepasst, um die physikalische Realität in der realen Welt genauer nachzuahmen. Diese Verbesserungen machen Kunstflugbewegungen flüssiger und intuitiver und ermöglichen komplexere Stuntkombinationen.

Reaktionsfähigere Flugzeuge

Flugzeuge im Jahr 2024 reagieren besser auf Steuereingaben und ermöglichen so engere Kurven, schnellere Rollen und eine präzisere Steuerung bei Kunstflugmanövern. Diese verbesserte Reaktionsfähigkeit macht es einfacher, fortgeschrittene Kunstflugkombinationen wie den Cuban Eight oder Hammerhead-Stalls auszuführen und sie mit größerer Genauigkeit auszuführen. Die reaktionsschnelleren Steuerungen ermöglichen auch die Ausführung von Stunts in Militärjets, die im Jahr 2020 schwieriger durchzuführen waren.

Verbesserte Kunstflugvorführungen

Im Jahr 2024 wurden die Kunstflugvorführungen durch realistischere Raucheffekte, Wirbel an den Flügelspitzen und andere visuelle Details verbessert, die die Stunts genauso beeindruckend aussehen lassen, wie sie sich anfühlen. Diese Verbesserungen sind perfekt für Spieler, die gerne ihre Flugfähigkeiten unter Beweis stellen und an Kunstflugwettbewerben teilnehmen.

Microsoft Flight Simulator 2024 bietet eine Fülle von Optionen für Spieler, die Spaß an Luftkämpfen und Kunstflug haben. Die Fähigkeit, fortgeschrittene Manöverkombinationen auszuführen, die Herausforderung, Kunstflugbewegungen zu meistern, und die Verbesserungen an Flugphysik und Steuerung geben den Spielern die Werkzeuge, die sie brauchen, um ihr Flugerlebnis auf die nächste Stufe zu heben. Ganz gleich, ob Sie sich bei Luftkämpfen einen Vorteil verschaffen oder andere mit Ihren Kunstflugkünsten beeindrucken möchten, die Beherrschung dieser Techniken ist ein lohnender und aufregender Teil des Spiels.

KAPITEL 11

VERSTECKTE GEHEIMNISSE UND UNVERSCHLUSSBARES

Microsoft Flight Simulator 2024 baut weiterhin auf seinem Vorgänger auf und bietet eine Vielzahl versteckter Geheimnisse, freischaltbarer Inhalte und aufregender Entdeckungen, die das Gesamterlebnis für Spieler verbessern. Das Spiel ist voller Easter Eggs, geheimer Orte, besonderer Missionen und Flugzeuge, die denjenigen, die sich über das Offensichtliche hinauswagen, ein Gefühl von Geheimnis und Spannung vermitteln. Egal, ob Sie ein Gelegenheitsspieler sind, der Ihrem Flugzeug etwas mehr Flair verleihen möchte, oder ein erfahrener Pilot, der nach der ultimativen Herausforderung sucht, 2024 bietet eine Fülle freischaltbarer Inhalte, die Ihr Flugerlebnis noch lohnender machen.

In diesem Abschnitt werden wir die versteckten Flugzeuge, Easter Eggs, geheimen Orte, Spezialmissionen, freischaltbaren Skins, Lackierungen und einige der schwer fassbaren Erfolge und Boss-Freischaltungen im Spiel erkunden. Darüber hinaus tauchen wir in den ultimativen geheimen Bosskampf des Jahres 2024 ein – eine Herausforderung, die Ihre Pilotenfähigkeiten wie nie zuvor auf die Probe stellen wird.

Versteckte Flugzeuge und Ostereier

Die riesige Welt des Microsoft Flight Simulator 2024 steckt voller versteckter Überraschungen und das Freischalten von Flugzeugen gehört zu den aufregendsten. Während das Spiel gleich zu Beginn über eine Vielzahl von Flugzeugen verfügt, die man fliegen kann, gibt es eine Handvoll versteckter Flugzeuge, die nur durch das Erfüllen bestimmter Ziele, das Auffinden geheimer Orte oder das Erreichen bestimmter

Meilensteine freigeschaltet werden können. Diese Flugzeuge reichen von historischen Modellen über experimentelle Jets bis hin zu Fantasiedesigns.

Verstecktes Flugzeug

Im Jahr 2024 können versteckte Flugzeuge auf verschiedene Arten freigeschaltet werden, wie zum Beispiel:

- **Versteckte Objekte sammeln**: Überall auf der Welt gibt es verschiedene versteckte Objekte und Markierungen, die an abgelegenen oder schwer zugänglichen Orten verstreut sind. Diese Objekte können mit Hinweisen markiert sein oder im Rahmen einer Schnitzeljagd in verschiedenen Regionen auftauchen. Durch das Auffinden und Interagieren mit diesen versteckten Gegenständen können Spieler spezielle Flugzeuge freischalten, die im regulären Fortschrittssystem nicht verfügbar sind.

- **Besondere Meilensteine und Erfolge**: Einige Flugzeuge werden durch das Erreichen wichtiger Meilensteine oder Erfolge freigeschaltet. Wenn Spieler beispielsweise eine Reihe schwieriger Kampfmissionen abschließen oder eine bestimmte Anzahl an Kunstflug-Stunts ausführen, können sie mit exklusiven Flugzeugen belohnt werden. Diese Flugzeuge verfügen möglicherweise über verbesserte Leistungswerte oder einzigartige Lackierungen, die sie am Himmel hervorstechen lassen.

- **Osterei-Flugzeug**: Es gibt mehrere Easter-Egg-Flugzeuge, die an die reale Luftfahrtgeschichte oder die Populärkultur erinnern. Spieler können beispielsweise seltene Vintage-Flugzeuge, militärische Prototypen oder sogar im Spiel versteckte Science-Fiction-inspirierte Flugzeuge freischalten. Um diese

Osterei-Flugzeuge zu finden, müssen Spieler oft geheime Gebiete erkunden oder obskure Missionen erfüllen.

So entsperren Sie Easter Egg-Flugzeuge

- **Missionsbasierte Freischaltungen**: Einige der versteckten Flugzeuge können nur durch das Abschließen bestimmter Missionen freigeschaltet werden. Bei diesen Missionen kann es sich um geheime Operationen, Rettungsmissionen oder Stealth-Flüge handeln, bei denen Sie einem bestimmten Weg folgen oder bestimmte Bedingungen erfüllen müssen, um auf versteckte Inhalte zugreifen zu können.
- **Erkundung und Entdeckung**: Easter Eggs im Zusammenhang mit versteckten Flugzeugen können häufig durch Erkundung gefunden werden. Dazu kann es gehören, bestimmte Flughäfen zu lokalisieren, die mit geheimen Symbolen gekennzeichnet sind, mit ungewöhnlichen geografischen Merkmalen zu interagieren oder kryptischen Hinweisen im Spiel zu folgen.

Geheime Orte und Missionen

Einer der aufregendsten Aspekte von Microsoft Flight Simulator 2024 ist die Einbindung geheimer Orte und Missionen. Diese Spezialmissionen sind für Spieler konzipiert, die Herausforderungen lieben und mehr als nur Standard-Gameplay suchen. Diese versteckten Orte bringen oft ihre eigenen Belohnungen mit sich, darunter Zugang zu neuen Gebieten, versteckten Flugzeugen oder anderen Geheimnissen, die Ihr Flugerlebnis bereichern.

Versteckte Orte

Die Welt im Microsoft Flight Simulator 2024 ist riesig und die Spieleentwickler haben verschiedene Geheimnisse an den unerwartetsten Orten versteckt. Diese versteckten Orte sind oft in abgelegenen oder unzugänglichen Teilen der Karte versteckt und Spieler müssen nach bestimmten Koordinaten oder Hinweisen suchen, um sie freizuschalten. Einige Beispiele für geheime Orte sind:

- **Verlassene Flugplätze und Stützpunkte**: Diese Orte liegen oft verstreut in abgelegenen Gebieten der Karte. Das Auffinden dieser verlassenen Flugplätze schaltet oft neue Missionen oder Flugzeuge frei und gibt Ihnen ein Gefühl der Erkundung.
- **Geheimnisvolle Inseln und Höhlen**: In bestimmten Teilen der Welt bergen versteckte Inseln oder Höhlen seltene und wertvolle Schätze. Durch das Abschließen von Missionen oder das Aufdecken versteckter Pfade können Spieler Zugang zu diesen geheimen Bereichen erhalten, wo sie möglicherweise neue Sammlerstücke oder Spezialflugzeuge finden.
- **Legendäre Wahrzeichen**: Spieler können verborgene Sehenswürdigkeiten entdecken, etwa die Ruinen berühmter historischer Stätten oder legendäre Flugzeugabsturzstellen. Diese Orte dienen oft als Ausgangspunkt für geheime Missionen oder versteckte Ziele.

Geheime Missionen

Geheimmissionen sind Aufgaben, die nur durch bestimmte Bedingungen oder Erfolge freigeschaltet werden können. Für diese Missionen müssen Sie möglicherweise zu einem geheimen Ort fliegen, bestimmte Aktionen ausführen oder eine Reihe von Zielen erfüllen, die die endgültige Mission freischalten. Einige dieser Missionen sind in der Spielwelt versteckt, während andere möglicherweise erst erscheinen, nachdem Sie bestimmte Meilensteine erreicht haben. Beispiele für Geheimmissionen sind:

- **Verdeckte Operationen**: Nehmen Sie an streng geheimen Militärmissionen wie Überwachungs- oder Aufklärungsflügen teil, bei denen Sie unentdeckt bleiben oder strategische Manöver durchführen müssen.

- **Szenische und historische Touren**: Einige geheime Missionen nehmen Sie mit auf einen Flug um versteckte Sehenswürdigkeiten oder Orte von historischer Bedeutung. Diese Touren belohnen die Spieler mit seltenen Flugzeugen und besonderen Boni.
- **Rettung und Wiederherstellung**: Bei diesen Missionen müssen Sie möglicherweise ein in Not geratenes oder abgestürztes Flugzeug in abgelegenen Gebieten lokalisieren und Vorräte oder Personal in Sicherheit bringen.

Freischaltbare Skins und Lackierungen

Die Individualisierung Ihres Flugzeugs geht über die physischen Modifikationen hinaus und erstreckt sich auch auf ästhetische Details wie Häute und Lackierungen. Microsoft Flight Simulator 2024 bietet eine große Auswahl an freischaltbaren Skins und Lackierungen, die Spielern die Möglichkeit geben, ihre Flugzeuge zu personalisieren und einzigartige Designs zu präsentieren.

Arten freischaltbarer Lackierungen

- **Historische Lackierungen**: Für Liebhaber der Luftfahrtgeschichte bietet 2024 Lackierungen, die berühmte Flugzeuge aus der Vergangenheit nachbilden, darunter Kriegsflugzeuge und Oldtimer-Verkehrsflugzeuge. Diese Lackierungen sind häufig mit detaillierten Texturen und Aufklebern versehen, die die historische Bedeutung des Flugzeugs hervorheben.
- **Lackierungen für besondere Anlässe**: Das ganze Jahr über finden im Jahr 2024 besondere Ereignisse statt, beispielsweise Feierlichkeiten für neue Updates oder Meilensteine der realen Luftfahrt. Während dieser Events können Spieler einzigartige Skins und Lackierungen freischalten, die das Thema des Events widerspiegeln.

- **Von der Community erstellte Lackierungen**: Eine der größten Neuerungen im Jahr 2024 ist die Möglichkeit für Spieler, ihre eigenen Lackierungen zu erstellen und mit der Community zu teilen. Egal, ob Sie ein talentierter Designer oder ein kreativer Enthusiast sind, Sie können Ihr Flugzeug mit einzigartigen Designs individuell gestalten und sie mit der Microsoft Flight Simulator-Community teilen.

So entsperren Sie Lackierungen

- **Schließe Spezialmissionen ab**: Einige Lackierungen werden nach Abschluss geheimer oder spezieller Missionen freigeschaltet. Bei diesen Missionen müssen häufig komplexe Routen bewältigt oder extreme Wetterbedingungen bewältigt werden.
- **Erfolge und Meilensteine**: Das Freischalten bestimmter Erfolge, wie z. B. das Durchführen einer Reihe von Kunstflugmanövern oder das Absolvieren einer Reihe von Zeitfahren, kann Spieler mit exklusiven Lackierungen belohnen. Diese einzigartigen Designs geben den Spielern im Laufe des Spiels etwas, auf das sie hinarbeiten können.
- **Marktplatzkäufe**: Zusätzlich zu den Erfolgen im Spiel bietet Microsoft Flight Simulator 2024 einen Marktplatz, auf dem Spieler zusätzliche Lackierungen und Skins kaufen können. Diese Skins können von Drittentwicklern oder der Community erstellt werden und für ein persönlicheres Erlebnis zu Ihrer Sammlung hinzugefügt werden.

Besondere Erfolge und Boss-Freischaltungen

Im Microsoft Flight Simulator 2024 bieten besondere Erfolge und Boss-Freischaltungen ein Gefühl des Fortschritts und eine Belohnung für Spieler, die Spaß daran haben, die schwierigsten Herausforderungen des Spiels zu meistern. Diese Erfolge sind für die engagiertesten Spieler konzipiert und bieten exklusive Inhalte und Erlebnisse.

Bosskämpfe freischalten

Einige der aufregendsten Inhalte im Jahr 2024 verbergen sich hinter speziellen Boss-Freischaltungen. Bei diesen Bosskämpfen müssen die Spieler schwierige Ziele oder Missionen erfüllen. Wenn Sie sie freischalten, erhalten Sie Zugang zu hochriskanten Luftkämpfen gegen mächtige KI-gesteuerte Gegner.

- **Elite-Bosse**: Dies sind einige der härtesten Feinde im Spiel, deren Besiegen präzise Taktiken und fortgeschrittene Manövrierfähigkeiten erfordert. Sobald Sie einen Boss besiegen, schalten Sie besondere Belohnungen wie neue Flugzeuge, exklusive Skins oder einzigartige Missionstypen frei.
- **Geheime Kampfmissionen**: Nach dem Besiegen bestimmter Bosse schalten Spieler spezielle Kampfmissionen frei, die es ihnen ermöglichen, an noch intensiveren Luftkämpfen teilzunehmen. Diese Missionen können mehrere Phasen umfassen, z. B. das Ausschalten mehrerer Feinde in einem einzigen Flug oder die Durchführung komplexer taktischer Manöver.

Besondere Erfolge

Besondere Erfolge im Jahr 2024 bieten ein lohnendes Erfolgserlebnis für das Erreichen wichtiger Meilensteine. Diese Erfolge sind häufig mit komplexen Aufgaben wie dem Fliegen großer Entfernungen, dem Abschließen aller Missionen in einer Region oder dem Beherrschen schwieriger Manöver verbunden. Erfolge schalten besondere Belohnungen frei, wie zum Beispiel neue Flugzeuge, exklusive Lackierungen oder einzigartige Flugherausforderungen. Zu den begehrtesten Erfolgen gehören:

- **Meisterpilot**: Alle wichtigen Flugherausforderungen und Kampfmissionen abschließen.
- **Luftakrobat**: Eine Reihe fortgeschrittener Kunstflug-Stunts meistern.
- **Top Gun**: Besiege eine Reihe von Elitegegnern in Kampfmissionen.

Der ultimative geheime Bosskampf im Jahr 2024

Der ultimative geheime Bosskampf im Microsoft Flight Simulator 2024 ist eine versteckte Begegnung, die die Fähigkeiten des Spielers in Kampf, Strategie und Präzision auf die Probe stellt. Dieser geheime Kampf wird freigeschaltet, nachdem Sie eine Reihe komplexer Missionen und versteckter Ziele abgeschlossen haben, und Sie treten gegen ein mysteriöses feindliches Flugzeug an, wie Sie es noch nie erlebt haben.

Schalte den ultimativen Bosskampf frei

Um diesen Bosskampf freizuschalten, müssen die Spieler alle wichtigen Meilensteine, Geheimmissionen und Spezialziele erfüllen, die über das Spiel verteilt sind. Dazu gehört das Beherrschen aller Kampftechniken, das Sammeln versteckter Flugzeuge und das Erreichen höchster Erfolge. Nach der Freischaltung findet der Kampf selbst in einem hochriskanten Kampfszenario in großer Höhe statt, in dem die Fähigkeiten und das Wissen des Spielers über jedes Manöver auf die Probe gestellt werden.

Der ultimative Bosskampf ist die letzte Prüfung für jeden Piloten im Microsoft Flight Simulator 2024 und belohnt die Spieler mit seltenen Flugzeugen, legendären Lackierungen und einem unvergleichlichen Erfolgserlebnis.

Microsoft Flight Simulator 2024 steckt voller verborgener Geheimnisse, freischaltbarer Inhalte und besonderer Herausforderungen, die Spieler belohnen, die bereit sind, das Spiel über seine Oberfläche hinaus zu erkunden. Von versteckten Flugzeugen und Easter Eggs bis hin zu geheimen Missionen und dem ultimativen Bosskampf bietet das Spiel unzählige Möglichkeiten zum Entdecken. Durch das Beherrschen der Spielmechanik, das Abschließen spezieller Aufgaben und das Freischalten exklusiver Erfolge können Spieler die Luftfahrt in ihrer aufregendsten und lohnendsten Form erleben.

KAPITEL 12

WAFFEN, AUSRÜSTUNG UND AUSRÜSTUNG (FÜR MILITÄRISCHES SPIEL)

Im Microsoft Flight Simulator 2024 geht es in der militärischen Luftfahrt nicht nur um das Fliegen fortschrittlicher Flugzeuge, sondern auch um die Beherrschung einer Reihe von Waffen, Ausrüstung und Ausrüstung, die für Kampfszenarien entwickelt wurden. Ganz gleich, ob Sie an Luftkämpfen teilnehmen, feindliche Bodenziele angreifen oder an verdeckten Militäroperationen teilnehmen, die Fähigkeit, Ihre Waffensysteme und Ausrüstung effektiv zu verwalten, ist entscheidend für den Erfolg. Das Spiel bietet ein realistisches und fesselndes Erlebnis mit aktualisierten Waffenmechaniken, anpassbarer Ausrüstung und strategischen Entscheidungen, die Ihre Karriere als Militärflieger prägen werden.

Dieser Abschnitt bietet einen umfassenden Überblick über die im Microsoft Flight Simulator 2024 verfügbaren Waffen und Ausrüstung, die Änderungen in der Waffenmechanik im Vergleich zu 2020, die Auswahl der richtigen Waffe für verschiedene Missionen sowie die freischaltbare militärische Ausrüstung und Anpassungsoptionen, die das Kampferlebnis von 2024 noch spannender machen.

Übersicht über Waffen und Ausrüstung

Im Microsoft Flight Simulator 2024 verleiht die Einbindung von Militärflugzeugen dem Gameplay eine ganz neue Dimension. Die Aufgabe der Spieler besteht nicht nur darin, fortschrittliche Flugzeuge zu fliegen, sondern sie haben auch Zugang zu einer Vielzahl von Waffen und Spezialausrüstung, die es ihnen ermöglichen, an Kämpfen teilzunehmen, Luftangriffe durchzuführen und taktische Operationen durchzuführen.

Luft-Luft-Waffen

Beim Luft-Luft-Kampf werden Raketen und Geschütze eingesetzt, um feindliche Flugzeuge anzugreifen. Das Spiel bietet eine Vielzahl dieser Waffen, jede mit spezifischen Verwendungszwecken und Vorteilen:

- **Wärmesuchende Raketen (AIM-9 Sidewinder, R-73)**: Diese Raketen erfassen die Wärmesignatur der Triebwerksabgase eines feindlichen Flugzeugs. Sie sind am effektivsten, wenn sie in Nahkämpfen eingesetzt werden, insbesondere wenn Sie schnell einen Feind anvisieren müssen, der nicht aktiv ausweicht. Im Jahr 2024 wurden die Radar- und Zielsysteme des Spiels verfeinert, um diese Raketen präziser und reaktionsschneller zu machen.

- **Radargelenkte Raketen (AIM-120 AMRAAM, R-77)**: Hierbei handelt es sich um Langstreckenraketen, die über Radarsignale das feindliche Flugzeug anvisieren. Der AMRAAM ist besonders effektiv für Gefechte auf mittlere bis große Distanz und ermöglicht es Ihnen, Feinde anzugreifen, ohne sich in Sichtweite begeben zu müssen. Die Version 2024 führt verbesserte Radarsysteme ein, wodurch diese Raketen bei Einsätzen gegen mehrere Ziele effektiver werden.

- **Waffen (M61 Vulcan, GSh-30-1)**: Jeder Militärjet im Jahr 2024 ist mit einer Rotationskanone ausgestattet, etwa der M61 Vulcan. Die Kanone eignet sich perfekt für Nahkämpfe, bei denen schnelle, präzise Schüsse erforderlich sind, um feindliche Flugzeuge außer Gefecht zu setzen oder zu zerstören. Die verbesserten ballistischen Modellierungs- und Rückstoßsysteme des Spiels sorgen dafür, dass sich das Schießen authentischer anfühlt und jedem abgefeuerten Schuss ein taktiles Gefühl verleiht.

Luft-Boden-Waffen

Luft-Boden-Kämpfe sind für Spieler, die Bombenangriffe oder strategische Luftangriffe bevorzugen, unverzichtbar. Microsoft Flight Simulator 2024 verfügt über mehrere Luft-Boden-Waffen, mit denen Sie feindliche Anlagen, Fahrzeuge und Befestigungen ins Visier nehmen können.

- **Präzisionsgelenkte Bomben (GBU-12, Paveway)**: Diese Bomben sind lasergelenkt und äußerst präzise, wodurch sie sich perfekt für das Anvisieren bestimmter Strukturen oder feindlicher Verteidigungsanlagen eignen. Im Jahr 2024 führt das Spiel ein ausgefeilteres Ziel- und Zielsystem ein, das einen einfacheren Einsatz und eine höhere Genauigkeit selbst unter turbulenten Bedingungen ermöglicht.

- **Streubomben (CBU-97)**: Streubomben sind dafür konzipiert, kleinere Submunition über ein großes Gebiet zu verteilen, was sie effektiv für die Bekämpfung feindlicher Fahrzeugkonvois, Infanterieeinheiten oder großer feindlicher Stellungen macht. Diese Bomben sind gegen Bodenziele äußerst effektiv, haben aber einen größeren Wirkungsbereich, sodass Sie beim Einsatz vorsichtig sein müssen.

- **Raketenkapseln (Hydra 70, S-8)**: Raketenkapseln sind vielseitige Waffen, die gegen eine Vielzahl von Zielen eingesetzt werden können, von Infanterie und leichten Fahrzeugen bis hin zu feindlichen Flugzeugen am Boden. Diese sind besonders nützlich für Spieler, die schnell einen Weg durch feindliche

Verteidigungsanlagen freimachen oder Bodentruppen aus nächster Nähe aus der Luft unterstützen müssen.

Ausrüstung für die elektronische Kriegsführung

Systeme der elektronischen Kriegsführung (EW) sind von entscheidender Bedeutung für die Deaktivierung des Radars und der Kommunikation des Feindes und verschaffen ihnen einen Vorteil in Kampfszenarien. Microsoft Flight Simulator 2024 führt fortschrittliche EW-Systeme ein, die es Spielern ermöglichen, sich an Jamming, Spoofing und Gegenmaßnahmen zu beteiligen.

- **Radar Schade**: Der Radarstörsender wird verwendet, um das feindliche Radar zu stören und es ihm so zu erschweren, Ihr Flugzeug mit Raketen zu erfassen oder Sie im Kampf anzuvisieren. Dies ist unerlässlich für Stealth-Operationen oder wenn Sie während Missionen verhindern müssen, dass der Feind entdeckt wird.

- **Spreu und Fackeln**: Hierbei handelt es sich um einsetzbare Gegenmaßnahmen zur Täuschung feindlicher Raketen. Chaff erzeugt eine Wolke aus kleinen Metallstreifen, um radargelenkte Raketen zu verwirren, während Leuchtraketen dazu dienen, wärmesuchende Raketen abzulenken. Beide Gegenmaßnahmen sind unerlässlich, um bei intensiven Luftkämpfen feindlichen Raketenangriffen auszuweichen.

Spezialisierte taktische Ausrüstung

Bestimmte Missionen im Jahr 2024 erfordern spezielle Ausrüstung für präzise und taktische Einsätze. Dazu gehört:

- **Zielkapseln (LITENING, Sniper XR)**: Zielkapseln ermöglichen eine verbesserte Sicht und Zielgenauigkeit bei Luft-Boden-Operationen. Die Kamerasysteme in diesen Pods liefern hochauflösende Bilder, die es einfacher machen, feindliche Ziele zu erkennen und Präzisionswaffen zu lenken.

- **Aufklärungssysteme:** Einige Militärflugzeuge im Jahr 2024 sind mit Aufklärungssystemen ausgestattet, die es Spielern ermöglichen, Informationen zu sammeln und Überwachungsoperationen durchzuführen. Diese Systeme sind für die Erfüllung von Missionen, bei denen es um das Sammeln von Daten oder das Verfolgen feindlicher Bewegungen geht, unerlässlich.

Waffenmechanik: Änderungen für 2024

Die Waffenmechanik im Microsoft Flight Simulator 2024 wurde im Vergleich zur Version 2020 erheblich aktualisiert, wodurch der Kampf immersiver, dynamischer und herausfordernder wird. Hier ist eine Aufschlüsselung der wichtigsten Änderungen in der Waffenmechanik:

Verbesserte Lock-On- und Targeting-Systeme

Eine der bedeutendsten Verbesserungen im Jahr 2024 sind die verbesserten Zielerfassungs- und Zielsysteme sowohl für Luft-Luft- als auch für Luft-Boden-Waffen. Die neuen Radar- und Sensorsysteme des Spiels ermöglichen eine präzisere Zielerfassung und eine bessere Verfolgung feindlicher Flugzeuge oder Bodenziele. Die neuen Systeme bieten mehr Feedback, einschließlich Zielerfassungswarnungen, Zielvorlaufanzeigen und Vorhersagen der Waffenflugbahn, wodurch die Lenkung des Flugkörpers realistischer wird.

Erhöhter Realismus bei Waffeneffekten

Die Auswirkungen von Waffen im Jahr 2024 sind realistischer als je zuvor. Explosionen, Raketeneinschläge und die daraus resultierenden Schäden an feindlichen Flugzeugen oder Gebäuden werden detaillierter modelliert, wodurch ein intuitiveres Erlebnis entsteht. Das Spiel umfasst jetzt eine Schadensmodellierung für einzelne Flugzeugteile wie Flügel, Triebwerke und Steuerflächen, was bedeutet, dass ein Treffer in einem kritischen Bereich die Leistung des Flugzeugs beeinträchtigen kann.

Luftkampfdynamik

Microsoft Flight Simulator 2024 führt eine erweiterte Luftkampfdynamik ein. Die Leistung von Raketen und Geschützen wird genauer simuliert, wobei Faktoren wie Windgeschwindigkeit, Höhe und Flugzeuggeschwindigkeit die Wirksamkeit der Schüsse beeinflussen. Beispielsweise können sich Luft-Luft-Raketen in größeren Höhen aufgrund dünnerer Luft und wechselnder Temperaturen anders verhalten, sodass die Spieler ihre Abschussstrategien entsprechend anpassen müssen.

Wählen Sie die richtige Waffe für Ihre Mission

Die Wahl der richtigen Waffe für eine Mission ist entscheidend für den Erfolg. Im Microsoft Flight Simulator 2024 bestimmt die Art der Mission, die Sie durchführen, die beste Waffenauswahl. So wählen Sie die passende Waffe für verschiedene Kampfszenarien aus:

Luft-Luft-Kampf

Bei Luftkämpfen oder Luftkämpfen sind Luft-Luft-Raketen wie die AIM-120 AMRAAM oder die AIM-9 Sidewinder Ihre Hauptwaffen. Beachten Sie Folgendes, wenn Sie feindliche Flugzeuge angreifen:

- **AIM-9 Sidewinder**: Am besten für Nahkampfeinsätze geeignet, bei denen sich der Feind in Sichtweite befindet oder aggressiv manövriert.
- **AIM-120 AMRAAM**: Ideal für Langstreckeneinsätze. Diese Raketen eignen sich hervorragend für den Angriff auf Ziele aus

der Ferne, insbesondere bei Luftkämpfen mit hoher Geschwindigkeit und großer Höhe.

Luft-Boden-Kampf

Für Luft-Boden-Missionen sollten Sie Waffen tragen, die entweder bestimmte Ziele ausschalten oder großflächigen Flächenschaden verursachen können:

- **GBU-12 Präzisionsgelenkte Bomben**: Ideal, um bestimmte Strukturen, Fahrzeuge oder andere harte Ziele mit hoher Genauigkeit zu treffen.
- **Hydra 70 Raketen**: Ideal für den Angriff auf leicht gepanzerte Fahrzeuge oder Infanteriestellungen, insbesondere bei Luftunterstützungsmissionen im Nahbereich.

Aufklärungs- und Stealth-Missionen

Für Aufklärungsmissionen oder Stealth-Operationen wird der Einsatz elektronischer Kriegsausrüstung wie Radarstörsender und Leuchtraketen von entscheidender Bedeutung sein. Diese Tools helfen Ihnen, die Entdeckung von Feinden zu vermeiden, Informationen zu sammeln und die Mission sicher abzuschließen, ohne in einen direkten Kampf verwickelt zu werden.

Freischaltbare Militärausrüstung und Anpassungen im Jahr 2024

Microsoft Flight Simulator 2024 bietet eine große Auswahl an freischaltbarer militärischer Ausrüstung und Anpassungsoptionen, mit denen Sie Ihre Flugzeuge und Waffen an Ihre spezifischen Bedürfnisse anpassen können. Einige dieser Freischaltungen sind an den Abschluss einer Mission gebunden, während andere durch besondere Erfolge oder Meilensteine verfügbar sind.

Neue Waffen freischalten

Waffen im Jahr 2024 können freigeschaltet werden, indem man die Militärmissionen des Spiels abschließt oder bestimmte Karrieremeilensteine erreicht. Durch das Erfüllen herausfordernder Ziele oder die Teilnahme an anspruchsvollen Missionen können Sie leistungsfähigere und fortschrittlichere Waffensysteme freischalten. Dazu können gehören:

- **Langstreckenraketen**: Je weiter Sie in Ihrer militärischen Karriere vorankommen, desto stärker erhalten Sie Zugang zu leistungsstärkeren Luft-Luft- und Luft-Boden-Raketen, die für die Ausschaltung härterer Feinde oder die Erfüllung risikoreicher Missionen unerlässlich sind.
- **Spezialisierte Bomben**: Einige Missionen belohnen Sie mit Zugang zu experimentellen oder speziellen Bomben, die große Gebiete zerstören oder präzise Angriffe auf hochwertige Ziele ermöglichen können.

Anpassung und Modifikation von Flugzeugen

Die Anpassungsmöglichkeiten für Militärflugzeuge im Jahr 2024 sind umfangreich und ermöglichen es den Spielern, alles anzupassen, von den Waffensystemen des Flugzeugs bis hin zu seinem optischen Erscheinungsbild. Du kannst:

- **Waffensysteme aufrüsten**: Bestimmte Militärflugzeuge können mit verbesserten Waffensystemen modifiziert werden. Dies könnte den Einsatz leistungsstärkerer Raketen, größerer Nutzlasten für Bombenangriffe oder zusätzlicher elektronischer Kriegsführungssysteme beinhalten.
- **Passen Sie das visuelle Erscheinungsbild an**: Vom Hinzufügen spezieller Lackierungen bis zum Entwerfen eigener Tarnmuster ermöglicht Ihnen 2024 die Personalisierung des

Äußeren Ihres Flugzeugs. Mit dieser Anpassung können Sie eine einzigartige visuelle Identität für Ihre Militärflotte erstellen.

Microsoft Flight Simulator 2024 hebt das Erlebnis der militärischen Luftfahrt mit seinem umfangreichen Angebot an Waffen, Ausrüstung und Anpassungsoptionen auf ein ganz neues Niveau. Von fortschrittlichen Luft-Luft-Raketen bis hin zu leistungsstarken Luft-Boden-Bomben können Spieler ihre Waffensysteme an die Anforderungen jeder Mission anpassen. Mit verbesserter Waffenmechanik, dynamischen Kampfsystemen und einer Fülle freischaltbarer Ausrüstung bietet 2024 ein wirklich fesselndes und herausforderndes Erlebnis für Liebhaber der militärischen Luftfahrt. Ganz gleich, ob Sie an rasanten Luftkämpfen teilnehmen, Luftunterstützung für Bodentruppen leisten oder verdeckte Missionen absolvieren, die Beherrschung Ihrer Waffensysteme und Ausrüstung ist in dieser realistischen Kampfumgebung der Schlüssel zum Erfolg.

KAPITEL 13

MULTIPLAYER, ONLINE-SPIEL UND COMMUNITY

Im Microsoft Flight Simulator 2024 wurde das Online-Multiplayer-Erlebnis erweitert und verbessert, sodass Spieler ihre Flugerfahrungen teilen, an aufregenden Multiplayer-Modi teilnehmen und mit einer globalen Community von Luftfahrtbegeisterten in Kontakt treten können. Ganz gleich, ob Sie mit Freunden fliegen, einer Staffel beitreten oder an Online-Events und Herausforderungen teilnehmen, die Multiplayer- und Online-Aspekte des Spiels bieten ein immersives und soziales Element, das das Erlebnis noch angenehmer macht. In diesem Abschnitt werden die im Jahr 2024 verfügbaren Multiplayer-Modi erläutert, wie Sie mit anderen fliegen, einer fliegenden Staffel beitreten oder diese erstellen können, die Verbesserungen im Multiplayer im Vergleich zu 2020 und wie Sie an Online-Events und Herausforderungen teilnehmen können.

Mehrspielermodi – Wie man mit anderen fliegt

Das Fliegen mit anderen im Microsoft Flight Simulator 2024 bietet eine völlig neue Dimension des Spiels. Ganz gleich, ob Sie sich mit Freunden zu einem gemütlichen Flug zusammenschließen, an koordinierten Gruppenmissionen teilnehmen oder an anspruchsvollen Flugwettkämpfen teilnehmen – die Multiplayer-Modi des Spiels sind darauf ausgelegt, ein fesselndes und nahtloses soziales Erlebnis zu bieten.

Koop-Flugmodus

Einer der beliebtesten Multiplayer-Modi im Jahr 2024 ist der kooperative Flugmodus, der es Spielern ermöglicht, sich zusammenzuschließen und gemeinsam in derselben virtuellen Welt zu fliegen. In diesem Modus können Sie und Ihre Freunde als Team den Himmel erkunden, verschiedene Flugzeuge fliegen, gemeinsam die Welt erkunden und sogar Missionen als Einheit erfüllen.

- **Nahtlose Koordination**: Der Koop-Modus im Jahr 2024 ermöglicht eine einfache Koordination, mit integrierten Chat-Funktionen, Missionsplanungstools und gemeinsamen Zielen. Sie können zusammenarbeiten, um durch schwierige Wetterbedingungen zu navigieren, präzise Landungen durchzuführen oder einfach nur zum Spaß zu fliegen und dabei die Gesellschaft anderer Piloten zu genießen.
- **Geteilter Luftraum**: Beim Fliegen im Koop-Modus teilen Sie den Luftraum mit anderen Spielern und sorgen so für noch mehr Realismus. Sie sehen die Flugzeuge anderer Spieler in Echtzeit und können so in enger Formation fliegen, Flugshows koordinieren oder einfach das visuelle Spektakel des Fliegens in einer Gruppe genießen.

Wettbewerbsfähige Mehrspielermodi

Für Spieler, die ein wenig freundschaftlichen Wettbewerb mögen, bietet Microsoft Flight Simulator 2024 auch kompetitive Mehrspielermodi, in denen Sie andere zu Rennen, zeitgesteuerten Missionen und mehr herausfordern können.

- **Rennveranstaltungen**: 2024 beinhaltet Flugrennen, bei denen Spieler gegeneinander antreten, um eine festgelegte Strecke so schnell wie möglich zu absolvieren. Bei Rennen kann es sich um das Durchfliegen von Kontrollpunkten, das Durchführen von Kunstflug-Stunts oder das Navigieren durch anspruchsvolles

Gelände mit hoher Geschwindigkeit handeln. Diese Rennen sind eine großartige Möglichkeit, Ihre Flugfähigkeiten in Echtzeit gegen andere Spieler zu testen.

- **Kampfmissionen**: Im Jahr 2024 können Spieler an Kampfmissionen teilnehmen, bei denen sie in Luftkämpfen gegeneinander antreten. Diese Multiplayer-Kampfszenarien simulieren reale Luftkriege und ermöglichen es Ihnen, Ihre Fähigkeiten gegen menschliche Gegner zu testen. Ganz gleich, ob Sie in einer Kampfrolle einen Militärjet oder ein Zivilflugzeug fliegen, das Erlebnis, gegen andere Spieler anzutreten, sorgt für ein völlig neues Maß an Spannung.

Multiplayer-Crossplay

Eine wesentliche Verbesserung im Jahr 2024 ist die erweiterte Crossplay-Funktionalität. Spieler auf verschiedenen Plattformen – PC, Xbox und sogar Xbox Series X/S – können jetzt gemeinsam in denselben Multiplayer-Sitzungen fliegen. Dadurch wird das Multiplayer-Erlebnis einem viel größeren Publikum zugänglich gemacht, wodurch eine lebendigere und vielfältigere Pilotengemeinschaft entsteht.

Beitritt oder Gründung einer Flugstaffel

Eine fliegende Staffel im Microsoft Flight Simulator 2024 ist mehr als nur eine Gruppe von Piloten, die gemeinsam fliegen – es ist eine Community, in der Spieler Flüge organisieren, Tipps und Strategien austauschen, an Gruppenevents teilnehmen und als Team gegeneinander antreten können. Der Beitritt zu oder die Gründung einer Staffel ist eine der besten Möglichkeiten, sich am Multiplayer-Aspekt des Spiels zu beteiligen und dauerhafte Freundschaften mit anderen Piloten zu schließen.

Beitritt zu einem fliegenden Geschwader

- **Eine Staffel finden:** Im Jahr 2024 wurde der Prozess des Beitritts zu einer Staffel vereinfacht. Sie können Staffeln nach Typ, Standort und Aktivitätsniveau suchen. Egal, ob Sie an Langstreckenflügen, Kampfeinsätzen oder Kunstflugvorführungen interessiert sind, es gibt eine Staffel, die zu Ihrem Flugstil passt. Einige Staffeln konzentrieren sich auf bestimmte Flugzeugtypen, während andere möglicherweise auf Wettkampfspieler oder Gelegenheitsflieger ausgerichtet sind.
- **Vorteile der Staffel:** Als Mitglied einer Staffel erhältst du Zugang zu besonderen Events, exklusiven Missionen und Multiplayer-Herausforderungen. Außerdem haben Sie die Möglichkeit, mit gleichgesinnten Spielern in Kontakt zu treten und an geplanten Gruppenflügen oder Wettbewerben teilzunehmen.

Erstellen Sie Ihr eigenes Geschwader

Wenn Sie lieber die Zügel in die Hand nehmen möchten, ist die Erstellung Ihrer eigenen Fliegerstaffel im Jahr 2024 einfach und anpassbar. Sie können den Schwerpunkt Ihrer Staffel festlegen, sei es Kunstflugvorführungen, militärische Kampfeinsätze oder Langstreckenerkundungen. Durch das Erstellen einer Staffel können Sie auch die Mitglieder verwalten, Veranstaltungen organisieren und die Regeln und Ziele für Ihr Team festlegen.

- **Geschwaderanpassung:** Passen Sie das Branding Ihrer Staffel an, einschließlich Name, Logo und Bemalung. Im Jahr 2024 wurde die Staffelanpassung detaillierter gestaltet und ermöglicht personalisierte Flugzeug-Skins, Banner und mehr.
- **Koordinierung von Flügen:** Als Anführer einer Staffel können Sie koordinierte Flüge und Veranstaltungen organisieren. Sie können Missionen planen, Routen teilen und die Beteiligung von

Mitgliedern verwalten, um sicherzustellen, dass die Aktivitäten Ihrer Staffel reibungslos ablaufen.

Multiplayer-Verbesserungen im Jahr 2024 gegenüber 2020

Während Microsoft Flight Simulator 2020 ein innovatives Multiplayer-Erlebnis einführte, baut 2024 auf dieser Grundlage mit mehreren wichtigen Verbesserungen auf, die das Online-Spielen flüssiger, immersiver und ansprechender machen. Diese Verbesserungen sollen den Spielern ein nahtloseres und interaktiveres Multiplayer-Erlebnis bieten.

Verbesserte Serverstabilität und Leistung

Eine der auffälligsten Verbesserungen im Jahr 2024 ist die verbesserte Serverstabilität. Multiplayer-Sitzungen sind jetzt stabiler, mit weniger Verbindungsproblemen und weniger Verzögerungen. Das bedeutet, dass die Leistung des Spiels gleichmäßiger ist, wenn Sie mit anderen fliegen, was Ihr Multiplayer-Erlebnis flüssiger und angenehmer macht. Das Spiel verfügt außerdem über eine robustere Serverinfrastruktur, die größere Spielergruppen im gleichen Luftraum unterstützt, ohne die Leistung zu beeinträchtigen.

Verbesserte Flugzeugsynchronisierung

Im Jahr 2024 wurde die Synchronisierung von Flugzeugen im Mehrspielermodus deutlich verbessert. Im Jahr 2020 hatten Spieler manchmal Probleme mit Flugzeugen, die nicht korrekt gerendert wurden, was zu „Geister"-Flugzeugen oder Flugzeugen mit Verzögerungen führte. Im Jahr 2024 stellt das System sicher, dass die Flugzeuge aller Spieler in Echtzeit und mit präziser Synchronisierung angezeigt werden, sodass Sie das Gefühl haben, wirklich in derselben Welt wie andere Spieler zu fliegen. Dies ist besonders wichtig in kompetitiven Modi und Mehrspieler-Missionen, wo Präzision und Timing entscheidend sind.

Optimiertes Matchmaking und Eventplanung

Microsoft Flight Simulator 2024 führt ein verbessertes Matchmaking-System ein, das es einfacher macht, an Multiplayer-Sitzungen teilzunehmen oder eigene zu erstellen. Spieler können jetzt effizienter nach Veranstaltungen suchen und daran teilnehmen, mit einem optimierten Prozess zur Auswahl von Flugtypen, Flugzeugen und Missionszielen. Darüber hinaus wurde die Veranstaltungsplanung verbessert, sodass Sie an globalen Online-Veranstaltungen und -Herausforderungen teilnehmen können, die strukturierter und zugänglicher sind als je zuvor.

Crossplay-Funktionalität

Crossplay zwischen PC- und Xbox-Spielern ist jetzt vollständig in 2024 integriert, sodass Sie unabhängig von der Plattform mit Freunden fliegen können. Im Jahr 2020 war das Crossplay etwas eingeschränkt, aber 2024 ermöglicht reibungslose plattformübergreifende Interaktionen, wodurch es einfacher wird, mit einem größeren Spielerpool in Kontakt zu treten. Dies trägt auch zu einer lebendigeren und vielfältigeren Online-Community bei und erweitert die Möglichkeiten für Gruppenflüge, Staffeln und Multiplayer-Missionen.

Teilnahme an Online-Events und Challenges

Online-Events und Herausforderungen sind ein wichtiger Teil der Microsoft Flight Simulator 2024-Community. Diese Veranstaltungen reichen von freundschaftlichen Wettbewerben bis hin zu Sondermissionen, bei denen echte Meilensteine der Luftfahrt gefeiert werden. Durch die Teilnahme an diesen Events können Spieler ihre

Fähigkeiten testen, Belohnungen verdienen und sich mit der breiteren Flugsimulations-Community vernetzen.

Wöchentliche und monatliche Herausforderungen

Microsoft Flight Simulator 2024 bietet wöchentliche und monatliche Herausforderungen, die es Spielern ermöglichen, an Zeitrennen, bestimmten Flugrouten oder bestimmten Flugzeugtypen teilzunehmen. Diese Herausforderungen stehen allen Spielern zur Verfügung und bieten Belohnungen wie exklusive Lackierungen, Flugzeug-Skins oder Spielwährung zum Freischalten neuer Flugzeuge. Die Teilnahme an diesen Herausforderungen ist eine großartige Möglichkeit, Ihre fliegerischen Fähigkeiten zu verbessern und gleichzeitig Anerkennung und Preise zu gewinnen.

Reale Luftfahrtereignisse

Das Spiel bietet auch reale Luftfahrtveranstaltungen, bei denen Spieler an Community-Herausforderungen teilnehmen können, die echte Flugwettbewerbe nachbilden oder wichtige Ereignisse in der Luftfahrtwelt feiern. Beispielsweise kann es Herausforderungen im Zusammenhang mit einer historischen Flugshow oder einem besonderen Flugereignis wie dem Red Bull Air Race geben.

Saisonale Veranstaltungen

Saisonale Veranstaltungen wie weihnachtliche Herausforderungen oder wetterabhängige Wettbewerbe bieten Spielern die Möglichkeit, zu besonderen Zeiten im Jahr mit der Community in Kontakt zu treten. Diese Events bieten oft einzigartige Belohnungen und können von kooperativen Missionen bis hin zu kompetitiven Rennveranstaltungen reichen. Saisonale Events sind eine großartige Möglichkeit, dem Spiel ein frisches und aufregendes Element zu verleihen, mit regelmäßig neuen Inhalten, auf die man sich freuen kann.

Microsoft Flight Simulator 2024 hat Multiplayer- und Online-Spiele auf ein neues Niveau gebracht und bietet robustere Systeme für das Fliegen mit anderen, den Beitritt zu Staffeln und die Teilnahme an spannenden Events und Herausforderungen. Die verbesserte Serverstabilität, die verbesserte Crossplay-Funktionalität und das optimierte Matchmaking-System machen es einfacher denn je, mit anderen Piloten in Kontakt zu treten und ein noch intensiveres Flugerlebnis zu genießen. Egal, ob Sie einer Staffel beitreten, an Rennen teilnehmen oder herausfordernde Missionen annehmen, die Multiplayer-Komponente von 2024 bietet endlose Möglichkeiten für Spaß und Kameradschaft.

KAPITEL 14

TIPPS, TRICKS UND PRO-STRATEGIEN

Egal, ob Sie ein erfahrener Spieler oder ein Neuling in der Welt von Microsoft Flight Simulator 2024 sind, die Beherrschung der Spielmechanik und -systeme ist für den Erfolg von entscheidender Bedeutung. Von der Verbesserung Ihrer Flugtechniken bis hin zur Maximierung der Leistung Ihres Flugzeugs gibt es eine Reihe von Strategien und Tipps, die Ihnen helfen, ein besserer Pilot zu werden und größere Erfolge bei Ihren Flügen, Missionen und Herausforderungen zu erzielen. In diesem Abschnitt behandeln wir die besten Tipps von Profipiloten, Tricks zur Leistungsoptimierung, Strategien für hohe Punktzahlen in Missionen und einige Geheimnisse von Profispielern, um die Flugkontrolle zu meistern.

Beste Flugtipps von professionellen Piloten

Professionelle Piloten bringen jahrelange Erfahrung in ihr Handwerk ein und ein Großteil ihres Wissens kann auf Flugsimulationen angewendet werden, um Ihre Leistung im Microsoft Flight Simulator 2024 zu verbessern. Hier sind einige bewährte Flugtipps von echten Luftfahrtprofis, die Ihnen helfen werden, ein effektiverer und effizienterer Pilot im Spiel zu werden:

1. Beherrschen Sie die Grundlagen, bevor Sie zu fortgeschrittenen Techniken übergehen

Einer der wichtigsten Tipps von Berufspiloten besteht darin, die Grundlagen des Fliegens zu erlernen, bevor man sich an fortgeschrittenere Manöver versucht. Im Microsoft Flight Simulator 2024 bedeutet dies, die grundlegenden Flugsteuerungen, Instrumente und Verfahren zu verstehen. Beginnen Sie mit einfachen Starts, Landungen und einfacher Navigation, bevor Sie zu komplexeren Operationen wie Luft-Luft-Kämpfen oder Kunstflug übergehen. Durch dieses Grundwissen fühlen sich fortgeschrittenere Techniken intuitiv und weniger überwältigend an.

2. Verwenden Sie den Autopiloten für lange Flüge

Bei längeren Flügen empfehlen Berufspiloten die Verwendung des Autopiloten zur Steuerung von Höhe, Kurs und Geschwindigkeit. Im Jahr 2024 wurde das Autopilotsystem verbessert, um komplexere Aufgaben zu bewältigen, sodass Sie sich auf Navigation, Kommunikation und Überwachung Ihrer Umgebung konzentrieren können. Während der Autopilot für lange Flugstrecken großartig ist, vergessen Sie nicht, bei Landungen und kritischen Flugphasen manuell einzugreifen. Wenn Sie wissen, wann Sie den Autopiloten ein- und ausschalten müssen, können Sie sowohl Ihre Zeit als auch Ihre Energie optimieren.

3. Konzentrieren Sie sich auf Situationsbewusstsein

Berufspiloten betonen die Bedeutung des Situationsbewusstseins in jeder Flugphase. Dies bedeutet, dass Sie sich der Geschwindigkeit, Höhe, des Kurses und der Umgebung Ihres Flugzeugs sowie aller anderen Flugzeuge oder Hindernisse in Ihrer Nähe voll bewusst sind. Im Jahr 2024 geht es darum, sowohl das HUD (Head-Up Display) als auch die Außenansichten effektiv zu nutzen, um den Flug zu überwachen sowie Radar- und Navigationssysteme im Auge zu behalten.

4. Verstehen Sie die Wetter- und Windbedingungen

Ein wesentlicher Unterschied zwischen einem Anfänger und einem Profipiloten ist die Fähigkeit, das Wetter zu verstehen und sich daran anzupassen. Im Microsoft Flight Simulator 2024 ist dynamisches Wetter ein großer Faktor, der Ihre Flugleistung beeinflussen kann. Berufspiloten prüfen stets vor dem Start die Wetterbedingungen und passen ihre Flugpläne entsprechend an. Nutzen Sie im Spiel Wetterberichte, um Ihre Höhe, Geschwindigkeit und den Landeanflug anzupassen. Lernen Sie, mit Seitenwind, Turbulenzen und schlechten Sichtverhältnissen umzugehen, um Ihre Kontrolle und Leistung zu verbessern.

Tricks zur Maximierung der Leistung

Um die Leistung Ihres Flugzeugs im Microsoft Flight Simulator 2024 zu maximieren, ist eine Kombination aus effizienten Flugtechniken, Flugzeugmanagement und Kenntnissen der Spielsysteme erforderlich. Hier sind einige Tipps, um das Beste aus Ihrem Flugerlebnis herauszuholen:

1. Optimieren Sie das Gewicht und die Balance Ihres Flugzeugs

Sowohl in der realen Luftfahrt als auch im Microsoft Flight Simulator 2024 wirken sich Gewicht und Balance Ihres Flugzeugs erheblich auf die Leistung aus. Zu viel Gewicht an den falschen Stellen kann die Stabilität, Treibstoffeffizienz und Geschwindigkeit Ihres Flugzeugs beeinträchtigen. Um Ihre Leistung zu maximieren, achten Sie auf die Gewichtsverteilung Ihres Flugzeugs. Passen Sie im Spiel die Fracht- und Kraftstoffladungen an, um eine bessere Manövrierfähigkeit und Kraftstoffeffizienz zu erzielen. Darüber hinaus sind leichtere Flugzeuge im Allgemeinen reaktionsschneller, sodass die Reduzierung unnötigen Gewichts bei Kampfeinsätzen oder Kunstflugleistungen einen großen Unterschied machen kann.

2. Passen Sie Ihre Landeklappen und Ihr Fahrwerk während der Landung an

Um eine sanftere Landung zu erreichen und ein Überschießen oder Schleudern zu vermeiden, ist die Anpassung der Klappen und des

Fahrwerks Ihres Flugzeugs während des Anflugs von entscheidender Bedeutung. Im Microsoft Flight Simulator 2024 spielen die Klappen eine entscheidende Rolle bei der Steuerung Ihrer Sinkgeschwindigkeit und Anfluggeschwindigkeit. Volle Klappen sorgen für zusätzlichen Auftrieb und Kontrolle, erzeugen aber auch mehr Luftwiderstand, was dazu führen kann, dass das Flugzeug schnell an Geschwindigkeit verliert. Um eine optimale Leistung zu erzielen, erhöhen oder verringern Sie Ihre Klappen schrittweise, je nach Anflugwinkel, Landebahnlänge und Wetterbedingungen.

3. Nutzen Sie ein effizientes Kraftstoffmanagement

Ein Trick zur Leistungssteigerung ist das Kraftstoffmanagement. Im Jahr 2024 haben Sie mehr Kontrolle über Ihren Kraftstoffverbrauch. Bei Langstreckenflügen können Sie den Treibstoffverbrauch Ihres Flugzeugs optimieren, indem Sie Gas, Reiseflughöhe und Geschwindigkeit anpassen. Überwachen Sie stets Ihren Treibstoffstand und -verbrauch, um sicherzustellen, dass Ihnen während des Flugs nicht der Treibstoff ausgeht. Wenn Sie lernen, Treibstoffeffizienz und Flugzeugleistung in Einklang zu bringen, können Sie längere Strecken fliegen, ohne Einbußen bei Geschwindigkeit oder Manövrierfähigkeit hinnehmen zu müssen.

4. Perfektionieren Sie Ihre Wende- und Steiggeschwindigkeiten

Effizienz in Kurven und Steigungen ist sowohl für die Kraftstoffeinsparung als auch für die Geschwindigkeit von entscheidender Bedeutung. Im Jahr 2024 ist die Maximierung der Steiggeschwindigkeit Ihres Flugzeugs der Schlüssel zum schnelleren Erreichen Ihrer Reiseflughöhe und zum geringeren Treibstoffverbrauch. Professionelle Piloten empfehlen für die meisten Flugzeuge eine optimale Steiggeschwindigkeit von etwa 1.500 bis 2.000 Fuß pro Minute. Vermeiden Sie beim Kurvenfahren außerdem scharfe Kurven mit hohem G, die Ihre Energie verbrauchen können. Sanfte, allmähliche

Kurven sparen nicht nur Treibstoff, sondern verbessern auch die Gesamtstabilität des Flugzeugs.

Erreichen Sie hohe Punktzahlen bei Missionen und Herausforderungen

Ganz gleich, ob Sie in Einzelmissionen fliegen, an Flugrennen teilnehmen oder bestimmte Herausforderungen im Microsoft Flight Simulator 2024 meistern, das Erreichen hoher Punktzahlen ist für viele Spieler ein Ziel. So gehen Sie Missionen und Herausforderungen an, um Ihre Punktzahl zu maximieren:

1. Erreichen Sie Ziele schnell und effizient

Die meisten Herausforderungen im Jahr 2024 sind mit spezifischen Zielen verbunden, die in einer bestimmten Zeitspanne oder nach bestimmten Kriterien erreicht werden müssen. Ganz gleich, ob es darum geht, Kunstflug-Stunts durchzuführen oder eine Reihe zeitgesteuerter Navigationskontrollpunkte zu absolvieren: Effizienz ist der Schlüssel. Ein Trick, um hohe Punktzahlen zu erzielen, besteht darin, sich vorab mit den Missionszielen vertraut zu machen und die Route bzw. den Flugweg so zu planen, dass unnötige Manöver minimiert werden. Verwenden Sie nach Möglichkeit den Autopiloten, um Ihren Flug auf Kurs zu halten und sich auf Präzision zu konzentrieren, was Ihnen dabei hilft, Ihre Zeit und Leistung zu verbessern.

2. Geben Sie Präzision Vorrang vor Geschwindigkeit

Während Geschwindigkeit bei zeitbasierten Herausforderungen oder Flugrennen oft wichtig ist, sollte Präzision immer an erster Stelle stehen. Im Jahr 2024 belohnt das Punktesystem sowohl Geschwindigkeit als auch Genauigkeit. Daher ist es von entscheidender Bedeutung, den Anflug, die Landungen und die Wegpunktkontrollpunkte zu treffen. Wenn Sie beispielsweise ein Flugrennen absolvieren, konzentrieren Sie sich darauf, die Kontrolle zu behalten und sanfte, effiziente Kurven zu fahren, anstatt durch jedes Segment zu hetzen. Je reibungsloser Ihr Flug, desto höher ist Ihre Punktzahl.

3. Passen Sie sich den Wetterbedingungen an

Viele Herausforderungen im Microsoft Flight Simulator 2024 beinhalten dynamische Wetterbedingungen, die Ihre Leistung beeinträchtigen können. Starker Seitenwind, Turbulenzen oder schlechte Sicht können präzise Manöver erschweren. Eine Profi-Strategie besteht hier darin, Ihren Flugplan anhand von Echtzeit-Wetterberichten anzupassen und Ihren Anflug entsprechend zu planen. Wenn Sie beispielsweise wissen, dass es während einer Landeaufgabe starken Seitenwind gibt, reduzieren Sie Ihre Anfluggeschwindigkeit und passen Sie die Flugbahn an, um der Windrichtung entgegenzuwirken.

4. Verwenden Sie Kunstflug für Stilpunkte

Bei Kunstflug-Herausforderungen oder -Missionen können Sie durch die Ausführung verschiedener Tricks und Stunts hohe Punkte für Ihren Stil erzielen. Das Ausführen fehlerfreier Loopings, Barrel Rolls und anderer komplexer Manöver wird nicht nur Ihre Mitpiloten beeindrucken, sondern auch Ihre Punktzahl steigern. Stellen Sie sicher, dass Sie zunächst die grundlegenden Stunts beherrschen und dann mit fortgeschritteneren Kunstflugtricks fortfahren, um Ihr Können unter Beweis zu stellen und Stilpunkte zu sammeln.

Profi-Spieler-Geheimnisse zur Beherrschung der Flugkontrolle

Die Beherrschung der Flugsteuerung im Microsoft Flight Simulator 2024 ist unerlässlich, um sowohl im Gelegenheitsflug als auch im Wettbewerbsspiel hervorragende Leistungen zu erbringen. Profispieler verlassen sich auf mehrere Schlüsseltechniken und Geheimnisse, um das Beste aus ihrem Flugzeug herauszuholen und bei komplexen Manövern die Kontrolle zu behalten.

1. Verwenden Sie den Gashebel, um Geschwindigkeit und Stabilität zu steuern

Ein Geheimnis für Profispieler besteht darin, mit dem Gashebel nicht nur Ihre Geschwindigkeit, sondern auch die Gesamtstabilität des Flugzeugs zu steuern. Im Jahr 2024 spielt der Gashebel eine größere Rolle dabei, wie das Flugzeug auf Höhen- oder Geschwindigkeitsänderungen reagiert. Um maximale Kontrolle zu erreichen, nehmen Sie kleine Anpassungen am Gashebel vor, um Ihr Flugzeug im optimalen Leistungsbereich zu halten. Wenn Sie sich beispielsweise einer Landung nähern, reduzieren Sie frühzeitig das Gas, um ein Überschießen zu verhindern und einen stabilen Sinkflug aufrechtzuerhalten.

2. Machen Sie es sich bequem mit der manuellen Steuerung

Während der Autopilot ein nützliches Werkzeug ist, betonen Berufspiloten die Bedeutung der manuellen Steuerung in kritischen Flugphasen, insbesondere bei Landung und Start. Üben Sie im Jahr 2024 das Fliegen möglichst ohne Autopilot, auch auf längeren Strecken. Dies verbessert Ihre Reaktionszeiten, hilft Ihnen, die Grenzen Ihres Flugzeugs zu verstehen und ermöglicht es Ihnen, in Notfällen oder Hochdrucksituationen effektiver zu reagieren.

3. Reibungslose Steuereingaben für bessere Handhabung

Profispieler wissen, dass reibungslose Steuerungseingaben der Schlüssel zum optimalen Handling ihres Flugzeugs sind. Unabhängig davon, ob Sie sich in einem Luftkampf befinden oder einen Kunstflug-Stunt ausführen, können abrupte Bewegungen zu Instabilität führen und sich negativ auf Ihre Leistung auswirken. Üben Sie sanfte, allmähliche Bewegungen mit dem Gashebel, dem Steuerknüppel oder dem Joystick, um die Kontrolle zu behalten und zu verhindern, dass das Flugzeug überreagiert oder das Gleichgewicht verliert.

4. Wissen Sie, wann Sie Druckluftbremsen und Klappen verwenden müssen

Ein weiteres Geheimnis, das Profispieler nutzen, besteht darin, genau zu wissen, wann Luftbremsen und Landeklappen eingesetzt werden müssen. Im Jahr 2024 sind diese Tools effektiver denn je, um den Sinkflug und das Handling Ihres Flugzeugs anzupassen. Luftbremsen können Sie schnell verlangsamen, insbesondere wenn Sie sich auf eine enge Landung oder eine kurze Landebahn vorbereiten. Mit Klappen hingegen können Sie Ihre Sinkgeschwindigkeit kontrollieren und das Flugzeug bei niedrigeren Geschwindigkeiten stabil halten. Die Beherrschung ihres Einsatzes sorgt für sanftere Landungen und schnellere Reaktionen in Szenarien mit hohem Risiko.

Um den Microsoft Flight Simulator 2024 zu meistern, sind nicht nur technische Flugfähigkeiten, sondern auch ein Verständnis der Systeme und Mechaniken des Spiels erforderlich. Indem Sie die Tipps professioneller Piloten befolgen, lernen, wie Sie die Leistung Ihres Flugzeugs optimieren und professionelle Strategien anwenden, um bei Missionen hohe Punktzahlen zu erzielen, können Sie Ihre Flugfähigkeiten auf die nächste Stufe heben. Je mehr Sie diese Techniken üben und verfeinern, desto besser wird Ihr allgemeines Flugerlebnis, egal ob Sie die Welt erkunden, an Kampfeinsätzen teilnehmen oder an Herausforderungen teilnehmen. Mit den richtigen Kenntnissen und Fähigkeiten können Sie mit Zuversicht und Präzision durch die Lüfte fliegen.

ABSCHLUSS

Während Microsoft Flight Simulator 2024 das Flugsimulationserlebnis weiterhin neu definiert, bietet es ein unübertroffenes Maß an Realismus, Detailgenauigkeit und Immersion, das sowohl Gelegenheitspiloten als auch Luftfahrtbegeisterte gleichermaßen anspricht. Die Tiefe des Gameplays, von der Beherrschung der Aerodynamik und Flugsteuerung bis hin zum Erleben von Echtzeit-Wettersystemen, hat einen neuen Standard für Flugsimulatoren gesetzt. Egal, ob Sie über berühmte Wahrzeichen schweben, sich an spannenden Kampfeinsätzen beteiligen oder mit Freunden im Mehrspielermodus die endlosen Himmel erkunden, 2024 bietet für jeden Spielertyp etwas.

Die Reise endet hier jedoch nicht. Die fortlaufende Weiterentwicklung von Microsoft Flight Simulator 2024 verspricht, das Spiel durch neue Funktionen, Inhaltsaktualisierungen und Erweiterungen zu bereichern und sicherzustellen, dass sich die Welt der Luftfahrt im Spiel kontinuierlich weiterentwickelt. Mit aufregenden DLCs, geplanten Add-ons und einer blühenden Community wird 2024 ein dynamisches und sich ständig veränderndes Erlebnis bleiben, das die Spieler beschäftigt und gespannt auf das, was als nächstes kommt, hält.

Kommende DLCs und Add-Ons für 2024

Microsoft Flight Simulator 2024 hat bei der Veröffentlichung bereits eine breite Palette an Funktionen und Inhalten eingeführt, aber das Entwicklungsteam ist bestrebt, das Spiel im Laufe des Jahres mit zusätzlichen herunterladbaren Inhalten (DLC) und Add-ons zu erweitern und zu bereichern. Diese Updates führen nicht nur neue Flugzeuge, Flughäfen und Herausforderungen ein, sondern bringen auch technische Verbesserungen und Verfeinerungen mit sich, um das Flugerlebnis zu verbessern.

1. Neue Flugzeuge hinzugefügt

Das Team hinter Microsoft Flight Simulator 2024 hat bereits mehrere neue Flugzeugtypen vorgestellt, darunter fortschrittliche Militärjets und Zivilflugzeuge, aber es sind noch viele aufregende Flugzeuge für zukünftige DLCs geplant. Zu diesen Ergänzungen können gehören:

- **Weitere Militärflugzeuge**: Angesichts der Beliebtheit der militärischen Luftfahrt im Jahr 2024 ist es wahrscheinlich, dass wir weitere Flugzeuge verschiedener Luftstreitkräfte auf der ganzen Welt sehen werden. Erwarten Sie neue Kampfjets, Bomber und Aufklärungsflugzeuge, die jeweils über einzigartige Flugdynamiken und Waffensysteme verfügen.
- **Klassische und Vintage-Flugzeuge**: Viele Flugsimulationsbegeisterte fliegen gerne ältere, historische Flugzeuge. DLC-Pakete können detaillierte Nachbildungen von Oldtimer-Flugzeugen wie der Spitfire, der P-51 Mustang oder sogar frühen Verkehrsflugzeugen enthalten.
- **Exotische und experimentelle Flugzeuge**: Es gibt Gerüchte, dass es im Jahr 2024 irgendwann futuristische, experimentelle Flugzeuge und sogar bei Fans beliebte Science-Fiction-Flugzeuge geben könnte, die den Spielern aufregende Möglichkeiten eröffnen, einzigartige Flugerlebnisse zu erleben.

2. Erweiterte Flughäfen und Sehenswürdigkeiten

Eines der herausragenden Features von Microsoft Flight Simulator ist seine unglaublich detaillierte Weltkarte, die berühmte Wahrzeichen und Flughäfen enthält. Allerdings erweitert das Spiel seine Liste an vollständig modellierten Flughäfen und malerischen Sehenswürdigkeiten durch zukünftige DLC-Pakete weiter.

- **Neue globale Flughäfen**: Da das Spiel weiterhin Updates erhält, werden weitere Flughäfen an abgelegenen und exotischen Orten hinzugefügt, sodass Spieler Ziele erkunden und anfliegen können, die sie zuvor noch nicht besucht haben. Dazu können weniger bekannte Regionalflughäfen oder historisch bedeutsame Orte gehören.

- **Detaillierte Sehenswürdigkeiten**: Erwarten Sie DLCs, die der Weltkarte des Spiels noch mehr berühmte Wahrzeichen und Städte hinzufügen. Von der Chinesischen Mauer bis zum Eiffelturm und darüber hinaus werden weiterhin weitere Sehenswürdigkeiten integriert, die es den Spielern ermöglichen, virtuelle Besichtigungstouren rund um den Globus zu unternehmen.

3. Neue Wettersysteme und dynamische Umgebungen

Eines der herausragenden Features von Microsoft Flight Simulator 2024 ist die Integration von Echtzeit-Wetterdaten. Zukünftige DLC-Updates werden dies wahrscheinlich durch die Einführung neuer dynamischer Wettersysteme und Umgebungsbedingungen erweitern. Erwarten Sie Funktionen wie:

- **Verbesserte Wettereffekte**: Weitere Verbesserungen der Realitätsnähe von Wolken, Blitzen, Stürmen und Sichtverhältnissen, wodurch das Fliegen bei schwierigen Wetterbedingungen noch anspruchsvoller wird.
- **Saisonale Veränderungen**: Einige DLCs führen möglicherweise saisonale Wettereffekte ein, sodass Spieler in verschiedenen Teilen der Welt schneereiche Winter, regnerische Frühlinge oder neblige Herbste erleben können.

4. Zusätzliche DLC-Pakete für Missionen und Herausforderungen

Um die Dinge frisch und spannend zu halten, werden im Jahr 2024 weiterhin Missionspakete und Herausforderungen eingeführt, die Ihre Flugfähigkeiten auf die Probe stellen. Dazu könnten gehören:

- **Herausforderungen im Langstreckenflug**: Diese DLCs könnten Missionen beinhalten, die Spieler herausfordern, über ganze Kontinente oder um die Welt zu fliegen und dabei Ausdauer, Treibstoffmanagement und Navigationsfähigkeiten auf die Probe zu stellen.
- **Kampfmissionen**: Mit der Einführung von Militärjets werden kampforientierte DLCs voraussichtlich intensive Luftkämpfe, Bombenangriffe und verdeckte Operationen mit sich bringen und so die Kampfszenarien des Spiels erweitern.

Die Zukunft der Flugsimulation: Was kommt als nächstes?

Die Zukunft der Flugsimulation im Microsoft Flight Simulator 2024 ist unglaublich rosig. Das Spiel ist nicht nur eine gewaltige technologische Errungenschaft in Bezug auf den Aufbau der Welt und die Flugzeugsimulation, sondern auch eine Plattform für kontinuierliche Innovation. Wenn wir in die Zukunft blicken, prägen mehrere Schlüsseltrends die Zukunft der Flugsimulation:

1. Integration von KI und maschinellem Lernen

Eine der aufregendsten Entwicklungen in der Welt der Flugsimulation ist die mögliche Integration von KI und maschinellem Lernen zur Verbesserung des Realismus. Dazu könnten intelligentere KI-Piloten, adaptive Wettermuster und sogar KI-generierte Missionsziele gehören, die auf realen Ereignissen oder Daten basieren. Je stärker die KI in die Simulation integriert wird, desto dynamischer und reaktionsfähiger wird sich die Spielwelt anfühlen, wodurch das Erlebnis immersiver wird als je zuvor.

2. Virtuelle Realität und verbesserte Immersion

Virtuelle Realität (VR) gewinnt in der Flugsimulation immer mehr an Bedeutung, und Microsoft Flight Simulator 2024 ist gut positioniert, um davon zu profitieren. Zukünftige Updates werden wahrscheinlich eine verbesserte VR-Kompatibilität mit immersiveren Cockpit-Steuerungen und einem größeren Gefühl von Realismus bieten. Mit fortschreitender VR-Technologie könnte sich das Fliegen im Spiel so anfühlen, als würde man in das Cockpit eines echten Flugzeugs steigen.

3. Erweiterung der Multiplayer-Fähigkeiten

Der Multiplayer-Aspekt von Microsoft Flight Simulator 2024 ist bereits robust, aber es gibt Raum für Wachstum. Zukünftige Updates könnten noch mehr Multiplayer-Modi beinhalten, etwa kooperative Missionen, teambasierte Kämpfe oder umfangreiche Flugsicherungssimulationen. Erwarten Sie größere Spielerlobbys, nahtloseres Crossplay zwischen Plattformen und innovative Multiplayer-Events.

4. Cloud-Integration für erweiterte Funktionen

Microsoft Flight Simulator 2024 nutzt bereits Cloud-Technologie für Echtzeit-Wetter- und Live-Verkehrsdaten, aber in Zukunft könnte es eine noch stärkere Cloud-Integration geben. Mit cloudbasierten Funktionen könnten Entwickler nahezu unbegrenzte Weltaktualisierungen, nahtlose Updates für Flugzeugmodelle und sogar von Spielern generierte Inhalte anbieten. Dies könnte es den Spielern ermöglichen, im Handumdrehen neue benutzerdefinierte Missionen, Herausforderungen und Karten herunterzuladen, wodurch das Spiel dynamischer wird und sich ständig weiterentwickelt.

Wichtige Ähnlichkeiten zwischen Microsoft Flight Simulator 2020 und 2024:

- Realistische Flugphysik: Beide Versionen zielen darauf ab, eine äußerst realistische Flugdynamik mit fortschrittlicher Aerodynamik und realer Physik zu bieten.
- Echtzeit-Wetter: Beide Versionen integrieren Echtzeit-Wetterdaten, sodass jeder Flug basierend auf den aktuellen Bedingungen einzigartig ist.

- Globale Weltdarstellung: Die virtuelle Welt in beiden Spielen wird mithilfe von Satellitenbildern und anderen Quellen modelliert, um eine genaue Darstellung der Erde zu erhalten.
- Advanced Air Traffic Control (ATC): Spieler können für ein noch intensiveres Flugerlebnis mit Echtzeit-ATC kommunizieren.
- Karrieremodus: Spieler können an Flugmissionen und Herausforderungen teilnehmen, um neue Flugzeuge freizuschalten und ihre Karriere als Pilot voranzutreiben.

Hauptunterschiede zwischen Microsoft Flight Simulator 2020 und 2024:

- Verbesserte Grafik und Leistung: *Microsoft Flight Simulator 2024* bietet eine verbesserte Optik, insbesondere in Bezug auf Beleuchtung, Gelände und Wettersysteme. Die Version 2024 verbessert die Version 2020, indem sie eine bessere grafische Wiedergabetreue und eine flüssigere Leistung auf neuerer Hardware bietet.
- Erweiterte Flugzeugliste: *2024* führt neue Flugzeuge ein, darunter sowohl zivile als auch militärische Flugzeuge, die für mehr Abwechslung im Gameplay sorgen.
- Bessere KI und Navigation: Die Version 2024 verfügt über eine verbesserte KI sowohl für das Flugzeug des Spielers als auch für den umgebenden Flugverkehr, was zu realistischeren Erlebnissen führt.
- Kampfverbesserungen: *Microsoft Flight Simulator 2024* führt komplexere Kampfmechaniken und militärische Missionen ein, auf die in der Version 2020 nicht so viel Wert gelegt wurde.
- Multiplayer-Erlebnis: *2024* Verbessert die Multiplayer-Modi mit Verbesserungen an der Online-Staffelmechanik und mehr Spielerinteraktionsoptionen und verbessert damit die Multiplayer-Systeme des Jahres 2020.

- Anpassungsfunktionen: *2024* bietet umfassendere Anpassungsoptionen für Flugzeuge, einschließlich neuer Bemalungsdesigns und Leistungsmodifikationen, die in der Version 2020 nicht so zugänglich waren.

Wo Sie weitere Ressourcen und Communities für MSFS 2024 finden

Einer der besten Aspekte von Microsoft Flight Simulator 2024 ist die blühende Community von Spielern, die ihre Tipps, Tricks, benutzerdefinierten Inhalte und Erfahrungen teilen. Egal, ob Sie Anfänger oder Experte sind, es stehen viele Ressourcen zur Verfügung, die Ihnen helfen, das Spiel zu meistern und mit gleichgesinnten Spielern in Kontakt zu treten.

1. Offizielle Microsoft Flight Simulator-Website und -Foren

Die offizielle Microsoft Flight Simulator-Website ist der beste Ausgangspunkt für offizielle Neuigkeiten, Updates und detaillierte Anleitungen zum Spiel. Die Website umfasst ein Forum, in dem Spieler Fragen stellen, Tipps austauschen und neue Funktionen und kommende DLCs diskutieren können. Dies ist ein großartiger Ort, um mit den Entwicklern und anderen Piloten in Kontakt zu treten.

2. Flugsimulationsgemeinschaften

Es gibt mehrere Online-Communities, die sich der Flugsimulation widmen und in denen Sie Spieler treffen, Ideen austauschen und an Multiplayer-Events teilnehmen können. Websites wie Avsim, FlightSim.com und /r/flightsim von Reddit sind hervorragende Ressourcen für den Austausch mit der breiteren Flugsimulations-Community. Auf diesen Plattformen finden häufig Community-Events statt, darunter Gruppenflüge, virtuelle Flugshows und Online-Herausforderungen.

3. YouTube und Twitch

Für diejenigen, die Live-Gameplay ansehen oder Video-Tutorials finden möchten, sind YouTube und Twitch hervorragende Plattformen. Viele Flugsimulationsbegeisterte streamen regelmäßig ihre Flüge und bieten Tutorials zu allen Themen an, von grundlegenden Flugtechniken bis hin zu fortgeschrittenen Kampfmanövern. Diese Streams bieten auch die Möglichkeit, in Echtzeit mit anderen Spielern zu interagieren und Einblicke in die Herangehensweise anderer an das Spiel zu gewinnen.

4. Benutzerdefinierte Inhalte und Mods

Für personalisiertere Inhalte bieten Websites wie Flightsim.to eine große Auswahl an von der Community erstellten Mods an, darunter individuelle Flugzeugbemalungen, Landschaften, Flughäfen und sogar voll funktionsfähige Flugzeuge. Viele dieser Mods sind kostenlos, einige können auch käuflich erworben werden. Diese Mods können Ihr Erlebnis erheblich verbessern und endlose Inhalte zum Erkunden bieten.

5. Discord-Server und Social-Media-Gruppen

Viele Flugsimulations-Communitys verfügen über dedizierte Discord-Server, auf denen Spieler in Echtzeit chatten, Mehrspielersitzungen vereinbaren und Strategien diskutieren können. Auf diesen Servern finden häufig Diskussionen über die neuesten Updates, Tipps und Empfehlungen statt. Social-Media-Gruppen auf Plattformen wie Facebook, Twitter und Instagram bieten ebenfalls großartige Plattformen, um in Verbindung zu bleiben und Ihre Erfolge zu teilen.

Microsoft Flight Simulator 2024 ist bereit, mit seinen realistischen Umgebungen, detaillierten Flugzeugmodellen und seinem fesselnden Gameplay die Grenzen der Flugsimulation weiter zu erweitern. Mit häufigen Updates, aufregenden neuen DLCs und einer aktiven Spieler-Community wird das Spiel mit der Zeit immer reichhaltiger und dynamischer. Ganz gleich, ob Sie ein Einzelpilot oder Teil eines virtuellen Geschwaders sind, 2024 bietet endlose Möglichkeiten zum Erkunden, Lernen und Engagement in der Gemeinschaft und sorgt dafür, dass die Zukunft der Flugsimulation genauso spannend sein wird wie der Himmel selbst.

www.ingramcontent.com/pod-product-compliance
Lightning Source LLC
LaVergne TN
LVHW051345050326
832903LV00031B/3743